鞆に一歩、足を踏み入れると、
そこには、鞆独特のゆったりとした時間が流れている。

まえがき

「日本の宝」、鞆の浦の魅力

◆中世・近世に栄えた大都会

福山市から南へ車で30分ほどの鞆の浦は、『万葉集』の大友旅人（おおとものたびと）の歌にも詠まれた、全国でも最古の長い歴史を持つ港町で、鎌倉・室町にも江戸時代にも大いに栄えた大都市でした。

鞆の浦の「鞆」とは、弓を引くときに手首に巻いた丸い革製の防具のことで、半円形に巻き込んだ海岸の地形が、鞆に似ていることから名付けられたといわれます。良い港の条件は、水深がある程度大きく、荒天時の波風を避けられる湾や島陰などがあること、そして川がないことで——川が海に流れ込むと、その土砂が堆積して港が埋まってしまうので、川がない方がよいのです——山が迫る海辺が好適地となりますが、鞆の浦はそうした良港の条件をすべて備えているのです。

周りを海に囲まれた島国の日本は、遠い昔から明治に至るまで物流は海運によって支えられてきました。海運を担う主要な港町は瀬戸内海や日本海沿岸に分布していましたが、特に瀬戸内海は日本経済を支える大動脈と位置づけられ、沿岸の港町は中国や朝鮮との国際貿易船の寄港地として、また中国地方や四国地方の荘園の年貢米を京へ積み出す港として繁栄しました。

江戸中期頃まで、船の航行能力はさほど高くなく、潮の干満を利用しながら沿岸近くを航行するのが

一般的でした。そのため、瀬戸内海のほぼ中央に位置する鞆の浦は、干満による強い潮流を応用した航法における「潮待ちの港」として、最も重要な港町だったのです。

◆江戸時代の港湾施設が完存する唯一の港町

現代の港には、風波から港内を守る防波堤、港の入口を示す灯台、船を着ける岸壁や埠頭や桟橋、そして船の出入りを監理する事務所が設けられていますが、それらの港湾施設は、木造の帆掛け船が行き来していた江戸時代でも、必ずなければならないものでした。江戸時代の防波堤は石垣で築かれた波止（はと）、灯台は石造または木造の常夜灯、岸壁は石造階段の雁木（がんぎ）、事務所は木造の船番所（ふなばんしょ）でした。

日本各地にある主要な港町は、太平洋戦争の空襲で町並みが焼失したり、昭和戦後の高度経済成長の波によって港湾が近代的なものに造り替えられたり、海面の埋め立てによって港が沖合に移動してしまったりして、江戸や明治の頃の姿を失っていきました。それでも瀬戸内海沿岸には、常夜灯や雁木の一部が残されている港町が点々とあります。

なかでも鞆の浦には、雁木・波止・常夜灯・船番所、そしてここが特に重要な港であったことを示す、船のメインテナンスに必要な焚場（たてば）といった港湾施設がほぼ完全な形で残っています。これは鞆の浦の大きな特徴で、国内唯一です。

◆超過密な港町のドライな気風

国際貿易船の寄港地として賑わった港町には、貿易船がもたらした莫大な量の陶磁器や銅銭などの財貨によって一大消費社会が形成され、当時の日本経済を牛耳っていたと言えます。その強大な経済力によって多くの人々が港町に集まってきましたが、良港であるために山が海に迫り、家を建てる平地に乏しかったのです。

港町では、その中心街路は1本しか通すことができず、街路に面して町家が隙間なくぎっしりと並んで建てられました。1軒の町家の表間口は、1間半（約3m）から2間（約4m）が標準で、その頃から形成され始めた城下町の町家の半分程度の大きさでした。

そのため敷地は目一杯に利用され、隣家同士は完全に壁が密着していました。時には隣家の外壁を利用して、自家の外壁を省略して建てた、寄生植物ならぬ寄生町家さえあったのです。江戸時代の港町は、そうした極限状態の過密都市だったのですが、その全国唯一の現存例が鞆の浦の町並みです。

◆町家の改造例に見る栄華と凋落

鞆の浦ではこうしたぎりぎりの土地利用状況のなかで、町家の分割・合併・増築が盛んに行われました。港町の経済的な大繁栄は新興富裕商人を数多く出現させ、一方で旧家の没落をもたらしました。

家々の経済的な浮沈は日常茶飯事で、経済的に困難となった大きな町家が分割されて2棟の小さな町家に改装されたり、逆に経済的に伸張した町家が隣家を吸収合併して2棟や3棟をまとめて1棟としたりする改造例が全国一多く、町並みの特徴と言えます。

また、大規模町家の多くは合併や増築によって造られており、一時期に一気に新築されたものは珍しいのです。これは、特に繁華な港町における町家の浮沈の激しさを反映していると思われますし、資金

を蓄えて大規模な町家を建設するという意識が鞆の人にはなかったとも言えます。「宵越しの金は持たない」という江戸っ子の気風を持っていたのでしょう。

もちろん、町家を新築する際には古材を再利用するのが当たり前で、そのことが建築年代の判定を著しく困難にしてはいるのですが、こうしたところにも鞆の人々のドライでクールな都会的センスがよく表われています。

◆港にも町並みにも色濃く残る往時の姿

鞆の浦には、江戸時代の中期と後期に描かれた町の絵図が残っているのですが、現代の地図と比べてみると、ほぼすべての街路が変化せずに現存しています。近代になって新しく通された幅の広い道路もありますが、鞆の浦の街路は３００年前とほとんど変わっていないのです。海岸線も東側では埋め立てられて少し陸地が増えていますが、鞆港の周辺はほとんど変化がありません。つまり、街路も海岸線も３００年前の姿をよくとどめており、当時の町絵図が現代の地図としても通用するとしても過言ではなく、そのような町は港町に限らず、全国でも鞆の浦以外には例を見ないのです。

現代に置き換えるならシンガポールに匹敵するほど、経済・文化・外交、すべての面で第１級の大都市として大きな発展を遂げていた港町・鞆の浦は、信じられないほどのおもしろさにあふれています。実際に歩きながら、往時の大都会で営まれた人々の暮らしぶりを肌で感じ取ってみてください。

２０１０年４月

広島大学大学院文学研究科教授

三浦　正幸

日本の宝　鞆の浦を歩く――もくじ

パート三　鞆港周辺コース

パート四
寺社めぐりコース

パート五
旧街道筋見学コース

パート六 大可島コース

沼名前神社
辻堂
安国寺
安原家
正法寺
安国寺下
バス停
能舞台
慈徳院
本願寺
大観寺
小松寺
善行寺
顕政寺
小烏神社
衣笠
静観寺
妙蓮寺
ささやき橋
法宣寺
山中鹿之助首塚
林家住宅
南禅坊
鞆幼稚園
なつかしい
ポンプ式井戸
友光軒
地蔵院
福山市鞆の浦（鞆城跡）
歴史民俗資料館
鞆の浦
バス停
桑田家
岡本家
長屋門
肥後屋通り
鞆の浦
観光情報
センター
おてび
海彦
岡本家
田渕屋
しまなみ信用金庫
保命酒屋
澤村船具店
ニュー
ともせん
深津屋
鞆交番
浜蔵
潮待ち茶屋
龍馬宿泊所跡（桑田家）
太田家
住宅
森田商店
鞆支所
朝宗亭
靴屋
（ひら久商店）
鞆の津の
商家
豆冨工房
対仙酔楼
いろは丸
展示館
雁木
櫻や
常夜燈
いろは丸事件談判跡（御舟宿いろは）
浄泉寺
鞆港
バス停
鯛亭
弁天島
対潮楼
・福禅寺
渡船場
仙酔島へ
夾明楼碑
圓福寺・大可島城跡
船番所跡
陸奥稲荷神社
平成いろは丸
波止
林家別邸（「ポニョ」の家）

日本の宝
鞆《とも》の浦《うら》
太子殿
(展望台)
医王寺
鞆の津塔
さらすわてぃ
阿弥陀寺
セレーノ
明圓寺
焚場
←阿伏兎観音へ
大漁
保命酒
淀媛神社

公共交通機関	新幹線、山陽線・・・・・・・	JR福山駅から、バスで約30分
	飛行機・・・・・・・・・・・・・・	広島空港からJR福山駅までリムジンバスで約40分。 JR福山駅からバスで約30分
	車・・・・・・・・・・・・・・・・・・	山陽自動車道福山東ICから約30分

観光の問い合わせ	鞆の浦観光情報センター	☎084-982-3200
	福山市観光協会	☎084-926-2649
	福山市観光課	☎084-928-1042

一

龍馬ゆかりコース

龍馬の隠れ家～いろは丸談判跡を歩く

藤井大三 絵　鞆の小路

一
龍馬ゆかりコース
龍馬が隠れたと思われている屋根裏
増築した飾り屋根部分
龍馬宿泊所跡（桑田家）
至 福山駅 鉄工所エリア
コンクリートでなくモルタル塗りの「天ぷら建築」
しまなみ信用金庫
食事処 ニューともせん
鞆の浦公民館
福山市鞆支所
八田保命酒舗
至 鞆の浦 歴史民俗資料館
入江豊三郎本店
森田商店
豆冨工房
入江保命酒
大坂屋の長屋門
鞆の津の商家
「片流れ」の屋根店内には塩木の梁
昔は石垣まで海だった
昔、急勾配の難所だった。地面を削ってゆるやかな坂道になっている。
対仙酔楼（長屋門）
ここから スタートします！
鯛亭
「さぁ、みなさんまいりましょう」
道を削った分基礎が斜めに露出している
龍馬いろは丸事件談判の家
（御舟宿いろは）
至 対潮楼
コース❷へ
「片流れ《かたなが》」の屋根とは
正面図
一般の家根
横からみると
片流れ屋根
奥行きが2倍あるように見える
鞆でよく見かける格子模様
バス停「鞆の浦」
1階のカフェスペースで「談判の間」を誰でも見られる
至 大可島エリア

江戸末期の豪商・大坂屋の遺構「対仙酔楼」。本瓦葺の長屋門の2階からは鞆の海への眺望抜群

【対仙酔楼】

江戸の豪商・大坂屋の接客施設をもつ楼閣

関町の東海岸に建つ対仙酔楼からスタートします。この建物の前にある駐車場が目印になりますね。

2階建ての楼閣は、江戸後期の豪商だった大坂屋の建物。大坂屋の名は、沼名前（ぬなくま）神社の境内入り口の石柱にも刻まれているんですが、経営競争に激烈を極めた鞆では家が3代もたないと言われているように、子孫は今、ここには住んでいません。

楼閣の前の道路はかつての大坂屋専用の船着き場で、道路を渡って降りた駐車場から先は海でした。そのため、楼閣の1階は浜側の出入り口として船荷の出し入れに使われ、2階は海や仙酔島が眺望できる接客施設となっていたんですよ。

現存する唯一の2階建ての商家の門

対仙酔楼は19世紀前期（江戸後期）の建築と推定される、間口5間余り（約10m）、奥行き3間余り（約

大坂屋の土蔵。石垣より手前はかつて海だった。左の小高い所は大可島の円福寺（「いろは丸展示館」提供）

6m）の、2階建て入母屋造り本瓦葺の長屋門なんです。全国に残る江戸時代の商家の門としては、現存する唯一の2階建てのもので、最も立派な造りです。でも実はこれは裏口。表口は敷地の反対側にあったんですよ。この楼閣の1階は向かって右側の2間余り（約4m）が門の部分で、以前は跳ね上げ式の大戸が吊ってありました。

本当は、両開きの扉をつけたかったのでしょうが、そうすると侍たちの屋敷の表門の格式と同じになってしまうので、許可されなかったようです。

眺望を考慮した2階と楼閣左右に続く長屋

2階は正面側に雨戸付きの縁側を通し、雨戸を開くと両端の戸袋を除いて完全に開放することができ、海への眺望が考慮されています。床の間つきの10畳間と6畳間が並び、背後には茶室まであるんですよ。

楼閣の右側には、かつて長い長屋が続いていたんですが、今は大部分がなくなってしまいました。外観か

大坂屋の土蔵

対仙酔楼1階の入り口付近に立つ「頼山陽先生　日本外史起稿史跡」の石碑

らではまったく分かりませんが、長屋の一部は、外壁が現代的に改造されて残っています。楼閣のすぐ右脇の茶店は近年に新築されたものなんです。

左側には、明治前期の建築と推定される間口1間半（約3m）の短い2階建て本瓦葺の長屋が付いており、2階正面には虫籠窓（むしこまど）が開いています。虫籠窓は虫籠（むしかご）のような細かい縦格子の塗り籠め窓のこと。内側からは外が何とか見えますが、外からは内側をほとんど見ることはできません。

広島出身の儒学者・頼山陽が命名

長屋門から入ると、中には本宅である主屋があったのですが、今は南西の端部を残すのみで跡形もありません。その主屋の背後に続いていた1階建ての上質な離れ座敷が、ひっそりと残っています。

これは19世紀中期（江戸末期）の建築と考えられますが、広大な敷地の中央に位置しており、3畳の上段の間が設けられた6畳の座敷と、11畳余りの次の間か

龍馬が「いろは丸」事件の際に隠れた「廻船問屋・桝屋」と石碑

らなっているんです。福山藩の殿様が来た時には、その上段の間に着座することになっていましたが、一度も使われたことはありませんね。当時の土蔵は住宅に改造されて、敷地の西北の角に残っています。

文化11年（１８１４）に大坂屋を訪れた広島出身の儒学者・頼山陽は、ご当主からこの楼の名前を付けてほしいと頼まれ、仙酔島に対面して眺望のよい楼ということで、対仙酔楼と命名しました。

同じ年に書いた漢詩「対仙酔楼記」の中で、窓から見える仙酔島や瀬戸内海の美しい景色を「山紫水明処」と描写してるんですよ。それが「山紫水明」という四字熟語となって、今に伝わっているのでは、と言われています。

大坂屋の広い敷地にはかつてこの楼閣のほかに、長屋、主屋、離れ座敷、土蔵がありました。

この道路の左奥が廻船問屋・桝屋。突き当たりの海岸通りを左へ曲がると福山へ

【桑田家住宅】

龍馬が隠れた廻船問屋・桝屋（ますや）

対仙酔楼の前の道を北に進むと、T字路の突き当たりに坂本龍馬と関わりの深い桑田家住宅が見えてきます。関町から東海岸へ向かう比較的広い主要道路に側面を向けて建っている町家です。

建物のうしろ側が面する海岸通りはかつて海だったんですが、昭和戦後に埋め立てられました。その反対側の狭い道路側が建物の正面です。側面の広い道路は戦後に拡幅されたものです。

ここは慶応3年（1867）、龍馬が「いろは」丸事件【メモ1・p32】の折に宿泊した廻船問屋の桝屋になります。正面間口6間半（約13m）、背面8間（約16m）、奥行き6間半ですから、大型の町家ですよ。

正面から見てください。2階には小さな虫籠窓が3つ開き、右隅の小庭は土塀で囲まれてますね。主要道路に面した家の側面に新しい門が付いていています。建物は明治中期に大規模な増改築が行われ、近年も改造さ

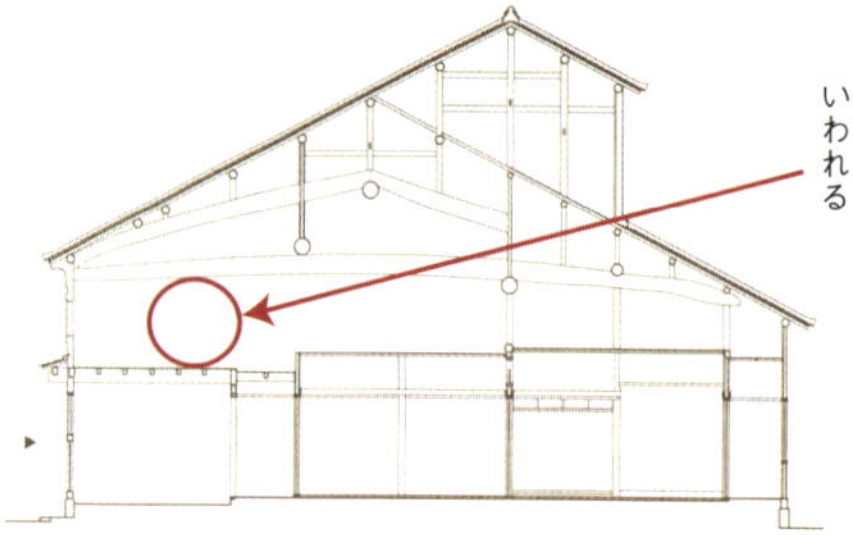
この場所に龍馬が隠れ住んでいたといわれる

れており、当初とはずいぶん変わっています。

建物を大きく見せる屋根の造り

この家で注目していただきたいのは屋根の構造なんです。側面から見上げるとよくわかると思いますが、前側を長くして建物を大きく見せよう（★1）としてるんですね。

図面と比べながら見てみてください。建築当初の本来の大棟（屋根の頂）は、正面2階の軒先から屋根の勾配に沿って2間半（約5m）上った位置でしたが、明治になってから、この建物はそれより1間半（約3m）後ろに大棟をずらしてるんです。そのため、本来の大棟の位置から後方の屋根上に無意味な空間が生まれたんですね。

だから、龍馬が隠れ住んだ部屋という伝説が生まれました。実際は表側の2階（断面図参照）に隠れたのではないかと言われてるんです。

天ぷら建築の「しまなみ信用金庫」

（★1）屋根の前側＝前流れ＝を長くする建築手法は、正面から見た時に建物を実際よりも大きく見せかけるもので、見栄を張った家として、鞆の浦では19世紀以降（江戸末期）に目立つようになりますが、この建物はその最も極端な例として注目に値します。

【しまなみ信用金庫】

天ぷら建築で鉄筋コンクリート造りの外観

龍馬の隠れ家から主要道路に沿って右を見ながらワンブロック西まで歩いたら、T字路の北西に建つしまなみ信用金庫の正面へ立ってみましょう。外壁はモルタル塗りにして、町並みに良く調和する鉄筋コンクリート造りの外観になっていますが、実は木造なんです。

これは「天ぷら建築」といって、大正から昭和初期にかけて流行った、いわゆる「衣」を付ける建築法です。天ぷら建築については、もう少し先に行くと見た目にもわかりやすい建物（p36参照　※［ひら久商店］のところです）が出てきますから、そこで詳しく説明しましょう。

ちなみに信用金庫の正面に向かって右奥——北に伸びる道——は、福山へ行く街道でした。

森田商店の右側半分は片流れ屋根

【森田商店】

実際より奥行きのある家に見せる片流れ屋根

今度は主要道路を挟んで、しまなみ信金の南西にある森田商店を見てください。ここもT字路になっていて、南へ行くと左手が先ほどの大坂屋の表側になります。

森田商店の建物には三つポイントがあるんです。一つめは、江戸・明治・大正と建築年代の違う4棟の2階建ての町家が、増築や合併によって大規模町家になっているということ。

二つめと三つめは主要街路に面して店舗となっている、江戸時代に建築された最も古い棟に関することなんです。

店舗の間口は5間半（約11m）と大きいでしょ？でも、奥行きは2間半（約5m）から1間半（約3m）――ここは台形の敷地のため一定ではないのです――しかないんですよ。

T字路側の隅部は景観を考慮して入母屋造り（★2）

海に沈めて防虫処理をされた塩木の梁

鞆ではいたる所で石畳の路地に出会うが、近年のもの

にしてありますが、奥行の短い右側は、屋根の勾配が一方向だけになるように造られた片流れ屋根（p35参照）になっていて、道路側から見ると、実際の家よりも2倍も大きく見える造りにしてるんです。

片流れ屋根を持つ町家についても、あとで典型的なのが出てきますので、そこでもう一度説明しますね。

（★2）屋根の形式の一つで、屋根端部に三角形の壁を造り、その下方にも屋根を葺き下ろすもの。最も格式の高い屋根形式ですが、鞆の浦では角地に立つ大型の町家だけに使われています。

2階を支える塩木の太い梁

お店が開いていたら一階の内部に入ってみてください。入り口のすぐ上を見ると、太く大きな白っぽい梁があるでしょ？

これは2階正面の外壁の真下を支えてるんですが、海の底に1～2年間沈めていた塩木（しおぎ）と呼ばれるものなんです。梁が白く見えるのは塩をふいているためで、これにより虫に食われることなく、長い間家の重みを支えることができるのです。

傾斜が急で荷車の難所だった坂道と角地に建つ「鞆の津の商家」

大事な梁を長く海に沈めて防虫処理を施す方法は、鞆の浦ではこの商店のような古い大商家によく見られるんですよ。

【鞆の津の商家＆敷地角の道】
掘り下げられ荷車の難所

ではまた左手を見ながら西に歩いて次の角まで行きましょう。少し下り坂です。

今は道のこう配は気になりませんが、かつてこのあたりは道の傾斜があまりにも急で、荷車の難所でした。誰かが手を貸して後ろから押さないと坂を上れなかったため、荷車をあと押しするアルバイトがあったそうですよ。

現在では、敷地の角の辺りで道の部分を1メートル近く掘り下げて、傾斜をなだらかにしているんですね。よく見ると、建物の石造りの基礎の下にコンクリートの壁が造られていて、まるで建物を持ち上げたように

龍馬談判の町家「御船宿いろは」の女将（左）と談笑する三浦教授

なっているでしょ？　これが道路を削った名残です。

鞆の浦独特の間取りを持つ商家

その角の敷地に建っているのは、福山市の重要文化財に指定されている「鞆の津の商家」。江戸末期に建てられた木造2階建て本瓦葺の主屋と、明治の建築の土蔵の2棟からなっています。

主屋は狭い間口に通り土間形式で、店の間、中の間、奥の間の3室を配した一般的な町家の形状を残しています。入口の格子や吊り大戸は、建築当初のものに復元されているんです。

これからご案内する町家にも、こうした間取りのものが結構出てきますよ。

それから商品を収納するのに使われていた土蔵は、床を高くしたり屋根勾配に合わせて斜めに架けた登り梁にしたりして、機能的に造られていますね。

「御舟宿いろは」の正面側

【御舟宿いろは】

龍馬が談判に使った町家

道は緩やかに南へカーブしていきますが、ここから南西へワンブロック歩くと左手に、龍馬が、沈没した「いろは丸」の損害賠償の談判に使ったとされている町家「御舟宿いろは」の看板が見えてきます。

主要道路と南東へ分岐する小路との角地に建っている、間口5間（約10m）を超える2階建て本瓦葺（★3）の大型町家ですね。主要道路に面して主屋が、そのうしろに土蔵が建っており、ここも江戸時代の鞆の浦の典型的な町家と言えるでしょう。

龍馬の時代は低い2階の町家だった

1階は正面に向かって右側が18世紀後期（江戸中・後期）の建築、左側は19世紀前期（江戸後期）に増築されています。龍馬が訪れた頃は増築されてからさほど年数が経っていなかったと思います。

けれど2階は明治になってから、高さを大きくする

「御舟宿いろは」の中庭

改造がなされていますので、龍馬が見た建物は、低い2階の町家だったようです。

その1階の奥の部屋で龍馬と紀州藩の役人との談判が行われたのですが、当時は床の間はなく、明治になってから造られたようです。当時の家主は魚屋を営んでいました。

（★3）本瓦葺とは、平たい平瓦と半円筒形の丸瓦を交互に並べた美しい瓦葺で、飛鳥時代以来、寺院建築の屋根に使われてきた高級なものです。

それに対して、江戸時代中期になって江戸の瓦職人が発明した新しい瓦葺工法が、桟瓦葺です。「へ」の字形の瓦一枚で平瓦と丸瓦を兼用したもので、本瓦葺よりは見栄えが劣りますが、軽量で安価なため、江戸や京都などの町家に瓦葺が用いられるようになった江戸時代中・後期から広く普及し始め、明治時代には一般的な日本瓦となったのです。

鞆の浦では、見栄えの劣る桟瓦葺が嫌われ、大正時代中期まで本瓦葺が使われました。戦前の鞆の浦の桟瓦は、上面の屈曲部に鎬（しのぎ）＝はっきりとした折れ曲がり＝が付けられて戦後の瓦のように丸くなく、きりりと引き締まった感じを与えています。

「鞆・町並ひな祭」の期間、「御舟宿いろは」飾られたお雛様

龍馬が紀州藩の役人と談判した部屋。当時、床の間はなかった

「御舟宿いろは」の側面に立つ「いろは丸事件談判跡」の石碑

［メモ１］　龍馬が宿泊した桑田家／いろは丸事件

いろは丸事件は、坂本龍馬が暗殺されるわずか半年前に起こりました。慶応3年（1867）4月、龍馬は海援隊を組織し伊予大洲藩から借り受けた西洋式の蒸気船「いろは丸」に乗って長崎から大坂に物資（鉄砲）を運ぶ途中、岡山県六島沖（現在の同県笠岡市）で、紀州藩の蒸気船「明光丸」に横から衝突されたのです。明光丸は鞆港へ向けて、いろは丸を曳航しようとしましたが、浸水のため宇治島沖で沈没してしまいました。

このため両者は鞆の浦にとどまり、損害賠償について昼夜交渉を繰り返しましたが決裂し、舞台を長崎に移して再交渉を行いました。最終的に、龍馬側が賠償金を受け取ることでようやく決着したのですが、鞆の浦で論戦が行われていた頃、龍馬は紀州藩による暗殺の危険を避けるため、桝屋の隠し部屋に潜んでいたのです。

二

町家見学コース

メインストリートに並ぶ鞆の典型的町家を歩く

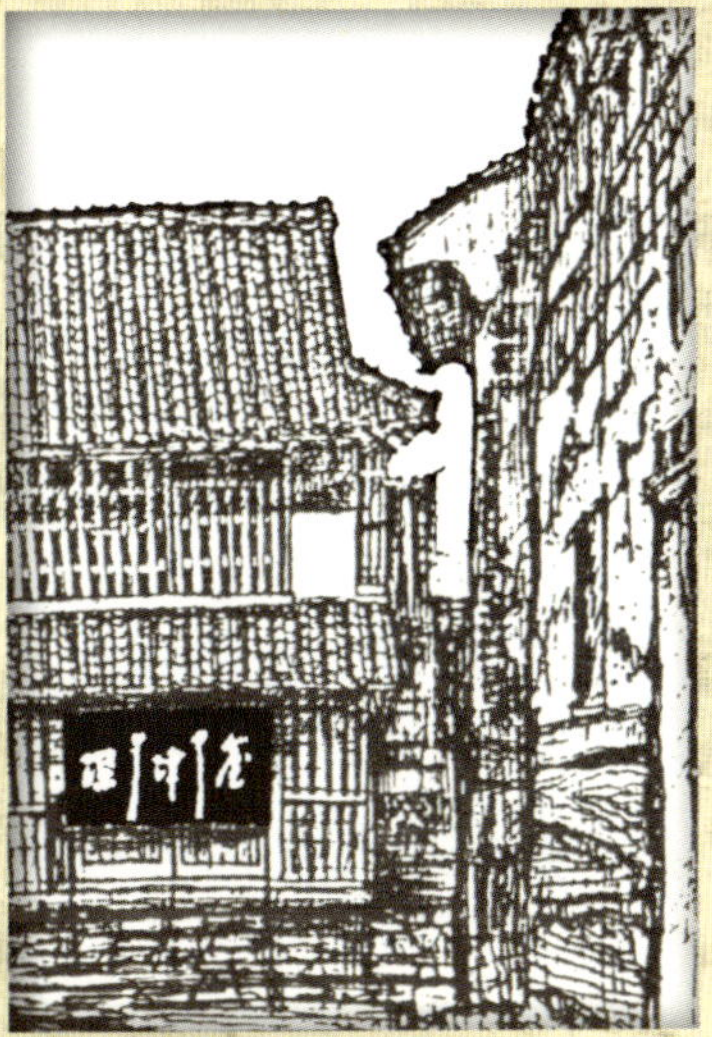

藤井大三 絵　鞆の町並み

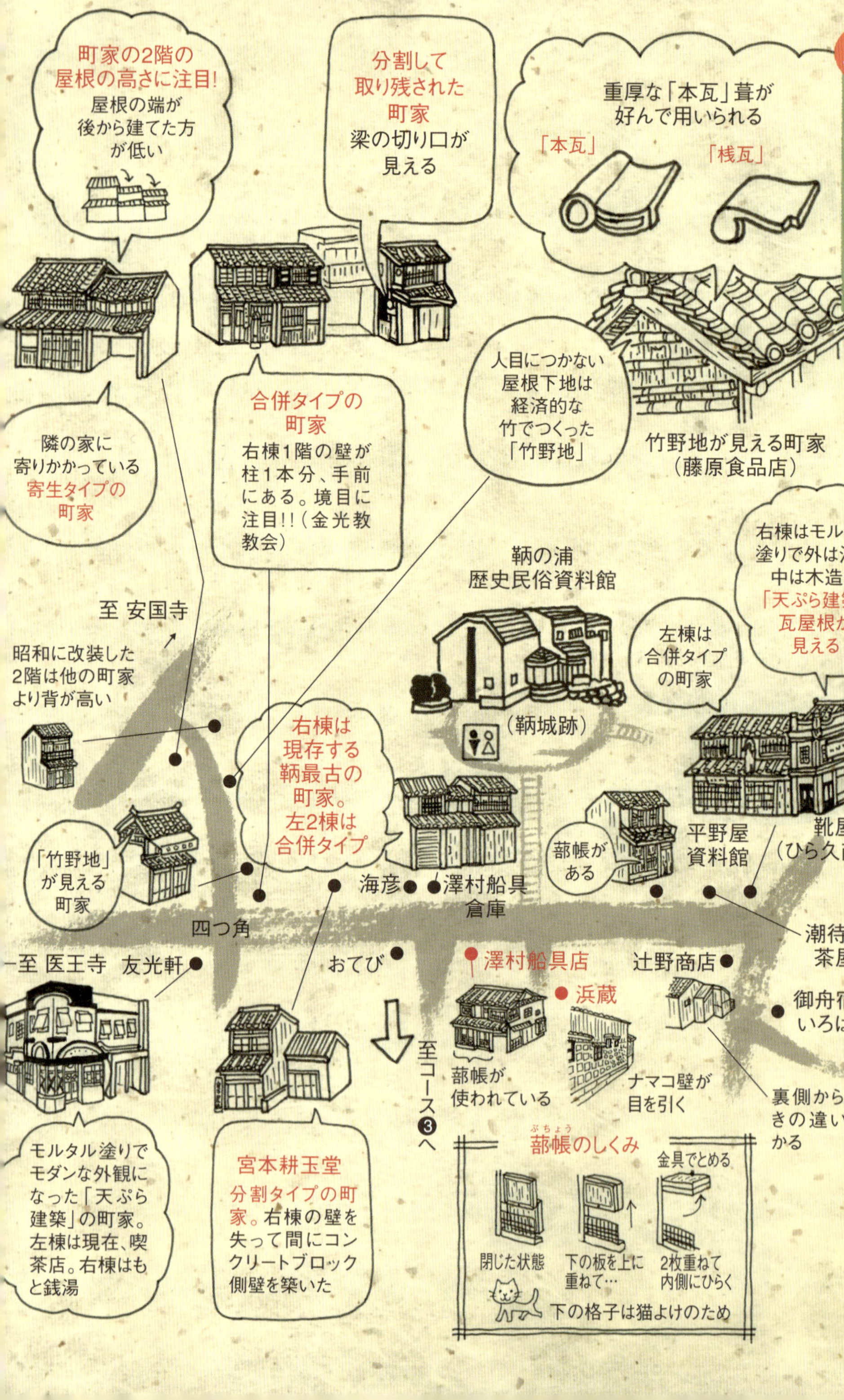
町家の2階の屋根の高さに注目!
屋根の端が後から建てた方が低い
分割して取り残された町家
梁の切り口が見える
重厚な「本瓦」葺が好んで用いられる
「本瓦」
「桟瓦」
人目につかない屋根下地は経済的な竹でつくった「竹野地」
竹野地が見える町家（藤原食品店）
隣の家に寄りかかっている寄生タイプの町家
合併タイプの町家
右棟1階の壁が柱1本分、手前にある。境目に注目!!（金光教教会）
鞆の浦歴史民俗資料館
右棟はモルタル塗りで外は洋風中は木造の「天ぷら建築」瓦屋根が見える
左棟は合併タイプの町家
至 安国寺
昭和に改装した2階は他の町家より背が高い
（鞆城跡）
右棟は現存する鞆最古の町家。左2棟は合併タイプ
「竹野地」が見える町家
蔀帳がある
平野屋資料館
靴屋（ひら久商店）
海彦
澤村船具倉庫
四つ角
潮待ち茶屋
至 医王寺
友光軒
おてび
澤村船具店
辻野商店
浜蔵
御舟宿いろは
至コース❸へ
蔀帳が使われている
ナマコ壁が目を引く
裏側から奥行きの違いがわかる
モルタル塗りでモダンな外観になった「天ぷら建築」の町家。左棟は現在、喫茶店。右棟はもと銭湯
宮本耕玉堂
分割タイプの町家。右棟の壁を失って間にコンクリートブロック側壁を築いた
蔀帳《ぶちょう》のしくみ
閉じた状態
下の板を上に重ねて…
金具でとめる
2枚重ねて内側にひらく
下の格子は猫よけのため

【辻野商店】

片流れ造りで奥行きの短さをカムフラージュ

これから少しあと戻りして、東西に通るメーンストリートに出ます。山が迫る海辺という良港としての条件を満たす鞆の浦では、平地の少なさからこのような中心街路は、1本しか通せなかったのです。

通りの東端の南側に建つ片流れ造り（★4）の町家を見てみましょう。ここは通りに面して左右2棟からなってますが、右側の棟は2階建て切妻造り本瓦葺で19世紀前期（江戸後期）の建築と思われます。左側の棟は正面から見ると、右側の棟と変わらない、奥行きがある大きな家のように見えませんか？

では横からこの家を見てください。ほら、実は奥行きが半分しかない片流れ造りとなっているのがわかりますね。

もとは東隣や南奥に家が接して建っていて、この家の全貌がさらされていなかったので、普通の切妻造りに見えていたんです。でも周りの家が取り壊されてし

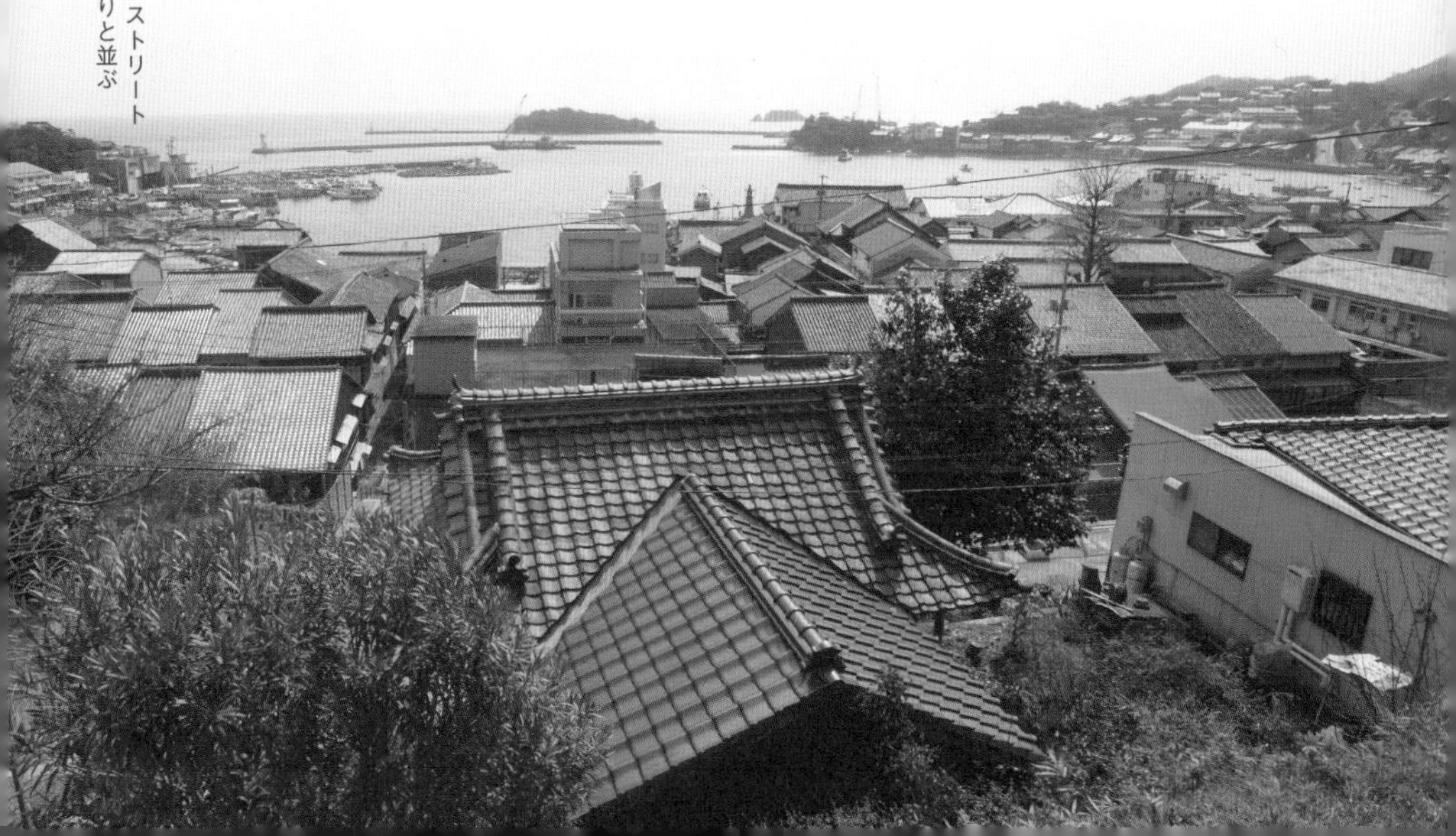

港を前に、東西のメインストリートに面して、町家がぎっしりと並ぶ

まったため、片流れの屋根や奥行きの違いが目立つようになったんですね。

（★4）片流れ造り（かたながれづくり）とは、一方にだけ傾斜する屋根を持つ家の造りをいいます。家の正面から見ると、反対方向にも傾斜した屋根があるように見え、実際よりも2倍も大きな家であると錯覚させます。

【ひら久商店・平野屋資料館】

昭和に流行った張りぼての天ぷら建築

今度は通りの反対、北側を見てください。東の角から西に向けて、3棟の建物が連続しているでしょ？当初は別々の独立した町家でしたが、今はつながって一体化しています。東の角地は洋風外観の「ひら久商店（平野屋）」ですが、この建物は明治の木造瓦葺の日本家屋の正面に、昭和になってからモルタル塗りの薄い洋館の外壁を貼り付けて造った家なんです。少し前に見た、しまなみ信用金庫の建物の外観もこんな感じ。

大工さんの専門用語では「天ぷら建築」と言いますが、まさにモルタルの衣を付けたような外観をよく表

片流れ造りの商家（辻野商店）

してますでしょ？　先ほど行った龍馬談判の町家あたりから、この建物を見上げてみてください。薄い洋風建物の壁のうしろに日本家屋の瓦屋根が見えて、天ぷら建築の実態がよくわかりますから。

こうした張りぼての建物は昭和に流行ったのですが、鞆の浦の伝統的な町並みの景観にマッチしていて、まさに、当時の鞆の浦の繁栄を示す建物となっていると思いますね。

同形式で軒高が同じ2棟の町家を合併

西隣につながる平野屋資料館は、明治中期と後期の建物で、ほぼ同規模同形式で軒高が同じ2棟の町家を合併したものなんです。

町家の1階の軒＝ひさし＝高は、かつての鞆の浦ではよく揃っていたんですね。それどころか、隣家どうしでひさしの屋根を完全に連続させて、少し見ただけではどこが家の境であるのか、まったく分からないことが多かったのです。

張りぼての天ぷら建築「ひら久商店」（右）と、1階の軒先が揃った合併住宅「平野屋資料館」

なぜかと言いますと、家を新築したり改造したりする場合には、軒は隣家と段差ができて雨漏りしないように、一連のものとしてつなげて造っていたからです。1階の軒先が隣家同士きれいに連続した光景は、鞆の浦ではまだあちらこちらで見ることができますよ。

【崩壊寸前の町家】

古材再利用のリサイクルタイプ

メーンストリートをもう少し西に進みましょう。右手に、1階にブチョウ（蔀帳）（★5）が残る崩壊寸前の町家があります。現在の鞆の浦には、こうした少し危ない家がたくさんあるのですが、これはその最たるもの。間口は3間半（約7m）あり、鞆の浦では比較的大型の家なんですよ。

柱や梁などには18世紀前期（江戸中期）の古材が多く再利用されていますが、明治の初めに建てられたと推定できます。鞆の浦では、取り壊された家の古材の

ブチョウが残る
リサイクルタイプの町家

再利用、現代の課題である資源のリサイクルは当たり前で、リサイクルのされていない家の方が少数派です。

ブチョウが残る現存4例のひとつ

この家の1階正面の左半分の床上部には当時のブチョウが2具残っています。鞆では、明治期までは大部分の町家と長屋の床上部にブチョウが使われていましたが、現在残っているのはここを含めて4例のみ。大変歴史的価値があるんですよ。この界隈では、もう少し先の澤村船具店の正面にも見られます。


（★5）ブチョウは鞆の浦をはじめ、瀬戸内各地で江戸時代から昭和戦前まで流行った建具です。上下2枚の横長の板戸からなり、上の戸が閉まりストッパーになっていると下の板戸も動かないのですが、上の戸を内側に向けて跳ね上げると、下の戸が上にスライドしてはずれます。それを上の戸にのせて重ねたまま上方向に跳ね上げて、上から垂れている鉄製のフックに鴨居と同じ高さで吊ります。

そうすると鴨居の高さまで全部開いて、非常に開放的になり、下部には犬が入ってこられないようにするための犬除けの柵だけが残ります。

昔からの建具なのですが、扱いには結構手間がかかるのです。それに、あまりにも外から見え過ぎてしまうのは気分が良くありません。かと言って閉めると真っ暗になることもあり、嫌われてどんどん姿を消して、昭和に入ってから、引き違いのガラス戸とその外側の格子に変わっていくことになるのです。

この雁木を使って船の積荷を降ろし、浜蔵に保管した

café

かつての浜蔵「いろは丸展示館」（右から中央にかけて）と江戸時代の常夜燈

【かつての浜蔵】

現存する7棟の浜蔵のひとつ

次の角を左に曲がりましょう。老朽化して釘が取れた海鼠（なまこ）壁（★6）が目に入ってきますが、ここは浜蔵（港湾の倉庫）なんですよ。鞆の浦が賑わっていた頃、いろいろな積み荷を入れる奥行きの深い大きな浜蔵が、港の周りにたくさん並んでいたんです。

さまざまな船の積み荷をこの港でいったん降ろし、小さな船に積み替えて川を上っていくか、陸路で運んでいくか、していたのだと思います。

現存する浜蔵は7棟で、あとで行く「いろは丸展示館」もそのうちのひとつ。今見ている浜蔵の奥行きはごく短い方で、普通の浜蔵はこれの3倍くらいはあります。

（★6）海鼠壁は江戸時代の土蔵建築に取り入れられた工法で、建物の耐火・耐水性向上のため、土壁の表面に平らな瓦を貼って竹釘で固定し、その目地を隠すために漆喰を盛り上げて丸く仕上げます。

盛り上がった漆喰の断面が海鼠のようなので、こう呼ばれるようになったと言われています。海鼠形の目地を美しく塗り上げる高度な左官技術と日数を要するため次第に敬遠され、現在では旧家が所有している蔵や古い町並みに残るだけとなっています。

海鼠壁が残るかつての浜蔵

【鞆城跡・福山市鞆の浦歴史民俗資料館】

福島正則の鞆城は新型の海城だった

ここから道を北に上り、鞆港を見下ろす小高い丘に築かれた平山城（海に直面したので、海城ともいいます）、鞆城跡――通称城山――に向かいます。本丸の跡地は、現在「福山市鞆の浦歴史民俗資料館」の敷地となっていますが、戦国時代、鞆の浦を根拠地にしていた毛利元就が、備後を領有した尼子氏に対抗して、築城したと推定されているんです。

それから、天正元年（1573）、織田信長によって京を追われた室町幕府最後の将軍・足利義昭は鞆城に入ったと言われています。

慶長5年（1600）、安芸・備後の領主となった福島正則によって再築城されて、石垣と城下町をもった本格的な近世城郭に生まれ変わったんです。新しい鞆城は、山上の本丸、南中腹に二の丸、さらに海に面した平地に三の丸を連ねた新型の海城でした。

その縄張りは現在の鞆の浦の西半部を占め、城下町

鞆城跡に建つ民俗資料館。石段を上りきった先にある

鞆港から望んだ「鞆の浦歴史民俗資料館」（写真右奥）

民俗資料館の正面入り口

は城山の北側に侍屋敷を、東側に町家を設けていたと推定されます。鞆の浦の西方の山裾に現在も並ぶ寺院群は、その城下町の北西を守備するために設けられたようですよ。

遺構は郭跡の平地や石垣のほんの一部など

元和元年（1615）の一国一城令で廃城となったと言われていましたが、慶長14年（1609）、徳川家康の苦言を正則が受け入れて廃城となったというのが新説です。廃城の後は城山の北側の麓に町奉行所が置かれ、二の丸は地蔵院という寺に、三の丸は町家になりました。

現在、郭跡の平地や石垣のほんの一部、井戸などの遺構が残っています。慶長14年（1609）頃の鞆城廃城時の石垣の残骸は、よく捜せば城山の斜面に生えている藪の中で見つかります。でも近寄るのは危険ですので、行くのはやめたほうが無難です。

民俗資料館への途中には、掘り出された石材を使っ

「鞆の浦歴史民俗資料館」から南を望む

石段を下りてメーンストリートへ

種々の印が刻まれた城の石が並べられている

て復元された石垣（★7）がありますが、積み方が近代的になってしまっており、あまり参考にはなりません。

なお、地蔵院の下や町の各所に見られる、やや大きめで角張った石材を使った石垣は、その多くが鞆城を取り壊した石材を再利用したものです。

（★7）天正年間（1573〜92）以前の石垣は自然石を積み上げた「野面積み」。文禄・慶長年間（1592〜1615）以降は、石切場で割り採られてきた割石を主体とした「打込みハギ」、慶長後期以降は切石で表面の隙間をまったくなくした「切込みハギ」が登場しました。
しかし、石垣が築かれた各年代の特徴はそれだけではわかりません。また、石垣に刻まれた種々の刻印も確認することができます。

【鞆の浦最古の町家】

澤村船具店の倉庫が3棟並ぶ

では次に、鞆の浦最古の町家にご案内しましょう。メーンストリートに戻って西に進み、左手に老舗の船具専門店・澤村船具店の看板が目に入ったら、道の反対側の建物を見てください。

江戸時代から続く老舗「澤村船具店」

澤村船具店の倉庫が3棟並んでいますが、一番右の棟が、鞆の浦に現存する最古の町家なんです。17世紀後期（江戸・元禄年間）に建てられた間口3間余り（約6m）の、当時の標準的な規模の家です。2階建て切妻造り、高級な本瓦葺ですが、屋根下地には安価な竹野地（たけのじ）［メモ2・p54］が使われているんですね。

この辺りに、見える部分は立派に仕上げる半面、見えない部分は経済的な造りで済ませる、鞆の町家の見栄を張る気風がよく表れていると思います。

ほかの町家には見られない古い建築様式

正面側1階に付いている尾垂れ（おだれ）（★8）は、鞆の浦では一般的に見られるものですね。

現在1階は、床を落として倉庫として使われているんですが、復元すると、間口の右半分を通り土間にして、左半分に3室を1列に並べています。土間の広い点が古い建築様式で、土間境に板戸を立てるのも、先

鞆の浦最古の町家（「澤村船具店」倉庫の右棟）。元禄時代の標準的規模の家

ほど見てきた崩壊寸前のブチョウのある家を除いては、鞆の浦の他の家に見られない古い様式なんです。

また、もとは2階が正面側にしかないこと、2階の梁が細身で直線的であり、貫（ぬき）（★9）を背違いにしないことなどからも、鞆の浦の、他のほとんどの家に見られない古い建築様式が使われていたことがわかったんです。これらのことから、この建物は、鞆の町家の変遷を知る上で第一級の遺構だと考えられますね。

（★8）尾垂れとは、2階建ての町家の1階正面を、2階外壁から半間（約1m）外側へ張り出した部分です。鞆の浦の一般的な町家では、昭和戦前までは年代に関係なく尾垂れが存在しており、比較的遅くまで尾垂れを持とうという意識があったようです。

明治の小規模町家や、大正・昭和戦前の中規模・大規模の町家でモダンな外観をしているものには尾垂れのないものが現れますが、通常の大規模町家では尾垂れをなくした例はありません。

（★9）柱や束（つか）＝屋根や床下に使う短い柱＝が倒れないように、柱・束の横腹に穴を掘り、その穴に通した横材を貫（ぬき）といいます。屋根の中では、貫が縦横に通されるので、まるでジャングルジムのようになりますが、その際に、交差する縦横の貫が互いの上下端で接しているのを「背違い」といい、18世紀以降の流行です。それ以前では、縦横の貫の高さがかなりずれていました。

辻子2階に見える「澤村船具店」倉庫の中央棟（右）と、中央棟より建築年代の早い左棟

2階正面の居室は鞆の町家の最大の特色のひとつ

ただ、2階の建ちの高さ（階高）は古い建築年代にしては高く、正面の窓も採光と通風を考えた大きな木格子で、当初は居室だったのではないかと考えられます。江戸時代の町家で2階正面を居室にすることはきわめて例外的で、これは鞆の浦の町家の最大の特色のひとつです。

ちなみに、この1軒おいて右隣にも、鞆の浦に残る町家ではこの最古の町家に次ぐ古さの、2階建て切妻造り本瓦葺の町家が残っています。

建築年代によって異なる軒の高さ

では、倉庫の左側の2棟を見ましょう。連続する3棟の中では一番軒が低い中央棟は一見、辻子（つし）2階（★10）に見えますよね？　けれど内部は1階建てなんです。間口1間半（約3m）の本瓦葺で外観は立派なんですが、柱には丸太を使った簡素な造りです。

左棟より遅い19世紀中期（江戸末期から明治期）の

間口2間の、鞆の浦の典型的な小規模町家（写真右、左）

建築で、当初から左棟の土間として建てられたようです。左棟は19世紀前期（江戸後期）の建築と推定される町家ですが、梁や鴨居などには18世紀前期（江戸中期）の古材が多量に使われていますね。現在この2棟は合併一体化されて床を落とし、倉庫となっています。

（★10）身分制度のあった江戸時代、町家が街路に面している場合には、大名行列が通行する街路を見下ろすおそれのある2階に居住空間を造ることは禁じられていました。けれども家屋の密集した都市部では限られた敷地空間を有効利用するために、物置という名目で建ちの低い辻子2階が造られていました。
鞆の浦は大名行列が通らない港町であったので、低い辻子2階ではなく、建ちの高い居室が特別に許されていたのです。

【典型的な小規模町家】
わずか間口2間（約4m）

また、この3棟の左隣に接して建つ2棟は、左右とも間口2間（約4m）の2階建て切妻造り本瓦葺の、鞆の浦の典型的な小規模町家ですね。左の棟は19世紀前期〜中期（江戸後期）、右の棟は明治期の建築と思われます。右側棟の2階の屋根は、その左側棟と澤村船具店倉

Zipper Compass
Zipper Compass
NTT

往時の趣を残す「澤村船具店」の店内

庫の軒下に入り込んでいますが、このことは建築年代が両者よりも新しいということを物語っているのです。

建築年代の新旧で異なる軒高

どういうことか説明しましょう。鞆の浦の町並みの2階軒高が不揃いなのは、土地が狭いために隣家どうしが密着して建っているからに外なりません。家を建てる時は、両側の屋根の端を隣家の土地の上空にまで伸ばして、側壁に雨が降りかからないようにする、言わば領空侵犯が行われるんですね。

その隣の住人が家を建てようとすると、先に建った隣家の屋根が敷地境を越えて突き出しているので、自家の屋根をそれより低くして、隣家の軒下にもぐり込ませるしかありません。それを繰り返すと、並んだ家々は次第に軒高が低くなっていくんです。

低さの限界がきたら今度は高く

2階の高さが限界の低さに達した時、今度はどうす

軒高が1軒ずつ違う町家が並ぶメーンストリート

るかと言いますと、越境した隣家の屋根を切除してしまって、自分の家の屋根を隣家の屋根の上に逆に延ばすんです。こうして、軒高が1軒ずつ違う世にも珍しい町並みが出現したというわけなんです。これぞ本当の都市美ではないでしょうか。

　こういったことを知っておくと、個々の家の建築年代を軒高からある程度は想像することができますね。2軒並んだ家では、2階軒高が少し高い方が古い家になります。けれど、軒高が隣家より著しく高い場合は、隣家の屋根の越境部分を切り落として自分の家の2階を高くしたもので、逆に新しいと分かりますでしょ？

軒高の変化する町並みは鞆の浦ならでは

　今、見ていただいたように、間口1間半や2間の町家が並ぶところは、1間半や2間ごとに2階の軒高が変化していて、とてもおもしろいと思いませんか。この辺りは、いかにも鞆の浦らしい風景が見られますので、撮影スポットとしておすすめですよ。

右の写真を逆方向（東側）から見たメーンストリート

カメラを構えるなら、澤村船具店の西の角から南へ伸びる小路――鞆港の常夜燈へ至る道ですが――を少し下って振り返って見てください。T字路の南側の小路を挟んで左右両側に裕福な大邸宅の町家があり、北側に軒高の異なる小さな町家が並ぶ風景が目に入ってくるはずです。

［メモ２］　本瓦葺に竹野地の屋根

鞆の浦では大正期までの町家のほとんどが寺院などに用いられる重厚な本瓦葺で、見栄えの劣る桟瓦葺は見向きもされませんでした。そして、大正時代の中頃（１９２０年頃）になって、ようやく桟瓦葺が町家に普及し始めました。外から見える部分は安さよりも見栄えを優先させており、そこに都会人であった鞆の人々の粋が感じられます。

間口の小さな家に重厚で美麗な本瓦葺の屋根、というのが鞆の浦の町並みの特色のひとつです。「九尺二間（くしゃくにけん）」と俗に言われる、３坪ほどのごく小規模な借家ですら、屋根には立派な本瓦が載っているのです。

このように外観をとても立派に仕上げる一方で、見えない部分については徹底的に経済性を追求した傾向があります。江戸から明治初期の町家のうち、間口が１間半（約３ｍ）から２間（約４ｍ）の極小規模から小規模な町家の２階の軒裏は、今では板の野地（のじ）＝垂木の上に張る屋根裏材＝が使われることが多いのですが、かつては入手困難で高価な板の代わりに安価な篠竹（しのだけ）を使った竹野地を選んだと考えられます。他の地域に比べて鞆の浦ではこの野地が遅い時期まで使われており、それも鞆の浦の町家の特色になっています。なお、江戸期の町家であっても間口３間（約６ｍ）以上の比較的大きな町家は、板野地を使っていました。

軒裏以外にも、他人が見ない室内は外観の立派さとは対照的に極めて簡素であり、昭和戦前期になっても室町時代のような丸太柱が使われていました。鞆の浦には、今では滅びてしまった、往古の建築形式が凍結保存されたかのように残っているのです。

【宮本耕玉堂】
分割タイプの町家

撮影が終わったらメインストリートに戻り、少し西に進みましょう。澤村船具店の建つT字路から1本西のT字路の手前ですが、通りの北側に間口2間（約4m）未満で切妻造り本瓦葺、屋根下地には竹野地を使った町家＝宮本耕玉堂＝が見えますね。

ここは19世紀中期（江戸末期）に、もともと4間（約8m）の間口で建てられた大きな町家だったのですが、所有者の都合により、通り土間と部屋との境に壁が新設され、真っ二つに間仕切られて、2棟の小さな町家に改装されたんです。

そのうちの左側の町家がこの宮本耕玉堂です。新設された戸境の外壁を共有していた、向かって右側の町家が取り壊されたために右側面の外壁や柱を失って、コンクリートブロックで新たに側壁を造っていますね。

この町家は鞆の浦の町家の分割例として貴重ですよよ。

2棟に分割された左側半分が残り、右側半分が取り壊されたため、新たに側壁を造った町家

【倉庫となっている小さな家】

切断された切り口が見える町家

もう少し西へ進むとやはり北側に、19世紀中期（江戸末期）に建築され、その後2棟に分割されて、そのうちの1棟だけ残っている町家が見えてきます。ここは間口1間半（約3m）余りの切妻造り本瓦葺——1階は桟瓦に葺き替えています——の小さな2階建てで、現在倉庫として使われているんです。

分割前は、間口約3間（約6m）の右半分を通り土間にし、左半分に部屋を1列に並べていたようなのですが、その後、土間境に仕切り壁を造って左右2棟にしています。

そして通り土間だった右棟を残して、最近左棟が取り壊されて建て替えられているんですが、その際に軒桁、丸太梁、2階の出格子などが戸境で切断され、はずされていますね。その様子は、この町家の左側面を見るとよくわかります。残っている右棟の左側面には屋根を支える柱がないので、左に傾いていますね。

分割タイプの町家の片方が壊された際の、切断の様子がわかる町家（写真右、左）

【金光教教会】

合併タイプの町家

1軒おいた左隣の町家にも注目してください。間口4間半（約9ｍ）の2階建て切妻造り、本瓦葺の比較的大型の家ですが、実は合併型の町家なんです。

左棟は19世紀中期（江戸末期）に建築されたと推定できる間口2間半（約5ｍ）の標準的な規模の町家で、それより遅れて明治前期に建築されたと思われる右棟は、間口2間（約4ｍ）に足りない小規模な町家です。

経済的に余裕のできた町家が、隣家を吸収合併して2棟の家の間にある壁を取り壊し1棟にしたのでしょうね。

【友光軒】

アール・デコ風のしゃれた天ぷら建築

メーンストリートを西へ次の四つ角まで進むと、西南の角にモダンな洋館風の喫茶店が見えるでしょ？

標準規模（左棟）と小規模の2棟の町家を合併して1棟に

アール・デコ風の天ぷら建築「友光軒」

友光軒と言いますが、この通りの東端の北側の角に建っている「ひら久商店」と同じく、天ぷら建築なんです。大正10年（1921）に建てられた2階建ての町家を、昭和7年（1932）にモルタル塗りのアール・デコ（★11）風の外観を持つ3階建ての床屋さんに大改造したものです。

それからのちに床屋さんの時の鏡を残して、今の喫茶店に変わりました。外観からはパリのシャンゼリゼ通りに建っているかのような雰囲気が感じられますが、鞆の浦の伝統的な街並みにも、とてもよく調和してると思いませんか。

当初の改造の際には、向かって右隣に同じ外観で銭湯を造ってつないでいたんですが、今は駐車場になっていますね。正面から内部をうかがうと銭湯の名残が残っていますよ。

（★11）アール・デコとは、1920年代から30年代前半にかけてフランスを中心にヨーロッパで流行した工芸・建築・絵画・ファッションなどの装飾様式の総称です。電波を表現したジグザグ模様やスピード感あふれる流線形など、幾何学的形態と機能美を強調します。1925年にパリで開催された装飾美術展（アール・デコ展）がきっかけとなり、こう呼ばれるようになりました。

銭湯の名残（正面タイルなど）が見える駐車場

【藤原食品店】

重厚な本瓦葺に経済的な竹野地の町家

友光軒の四つ角から北に進んで、右手の藤原食品店の左棟の２階側面の軒下を見上げてください。澤村船具店の倉庫となっている建物のところでも説明しましたように、屋根は重厚な本瓦葺なんですが、屋根下地に経済的な竹野地が使ってあるのがよくわかりますでしょ？（ｐ54参照）。屋根瓦も年代ものです。

ここは左右２棟の建物を合併してできた町家で、19世紀中期（江戸末期）の建築と思われます。左右の棟は２階建と１階建の違いはありますが、どちらも間口が２間（約４ｍ）に足りない切妻造り本瓦葺の小規模町家です。

どんなに小さな町家でも、見える部分は体裁よく整え、そうでない部分には見栄は張らないという都会人気質が現れていて、興味深いですね。

往時の鞆の都会人気質をよく表している本瓦葺（写真左）に竹野地の町家（右）

【明治末期以降の町家】

肘掛窓の付いた町家

竹野地の町家の北側には、大正から昭和戦前に建てられた、2階に肘掛窓の付いた町家が見られますよ。明治末期以降の町家では、建築当初からこうした肘掛窓を取り入れた建物が少なくありません。肘掛窓は昭和戦前まで流行していましたが、現存例は多くありません。

【北村家倉庫】

柱と壁を共有する寄生タイプの町家

続いてパラサイトハウス＝寄生タイプの町家＝にご案内します。ここから少し北へ行き左手を見てください。軒の高さが少し違う家が南北に並んでいます。

南側は19世紀中期（江戸末期）に建てられた間口2間半（約5ｍ）の2階建て切妻造り本瓦葺の町家で、

2階に肘掛窓の付いた町家のある路地を歩く

竹野地や丸太柱などが使われています。北側の家より先に建てられており、軒が少し高くなっているでしょ？　この町家に接して建つ北側の家は、間口約2間（約4m）の2階建て切妻造り、本瓦葺の小型町家で、南側の家より少し遅い江戸末期から明治にかけて建築されたと思われます。

土地が狭いため先に建てた南側の家の屋根が北側の敷地に越境し、あとで建てた北側の家の屋根は南側より低くして、南側の家の軒下にもぐりこませるしかなかったのでしょうね。でも驚くことに、2階の境の柱を南側の家と共有する形で省略してしまい、屋根を支える軒桁（のきげた）を直接、隣家の柱に差し込んでいます。まるで寄生植物の宿り木みたいですね。1階は柱だけ建てて、壁は南側の家と共有していますよ。

こうした隣家への寄生は敷地不足を補う目的や経済的な理由があるからだと思われますが、鞆の人のドライな都会人気質を象徴しており、これも鞆の町家の特色のひとつと言えます。

隣家と柱や壁を共有しているパラサイトハウス（右）

2階に肘掛窓の付いた町家

三

鞆港周辺コース

太田家住宅～鞆港界隈を歩く

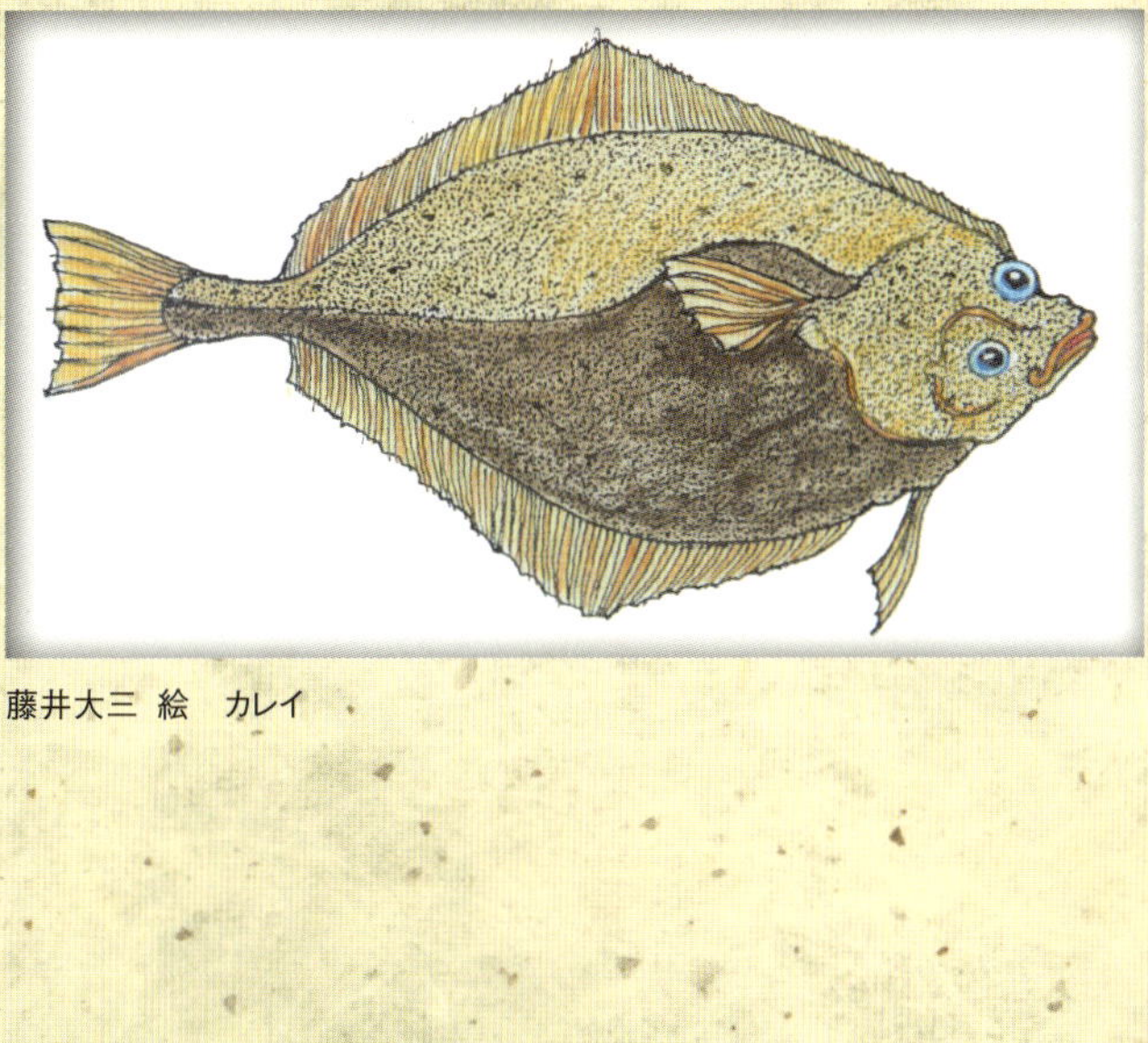

藤井大三 絵　カレイ

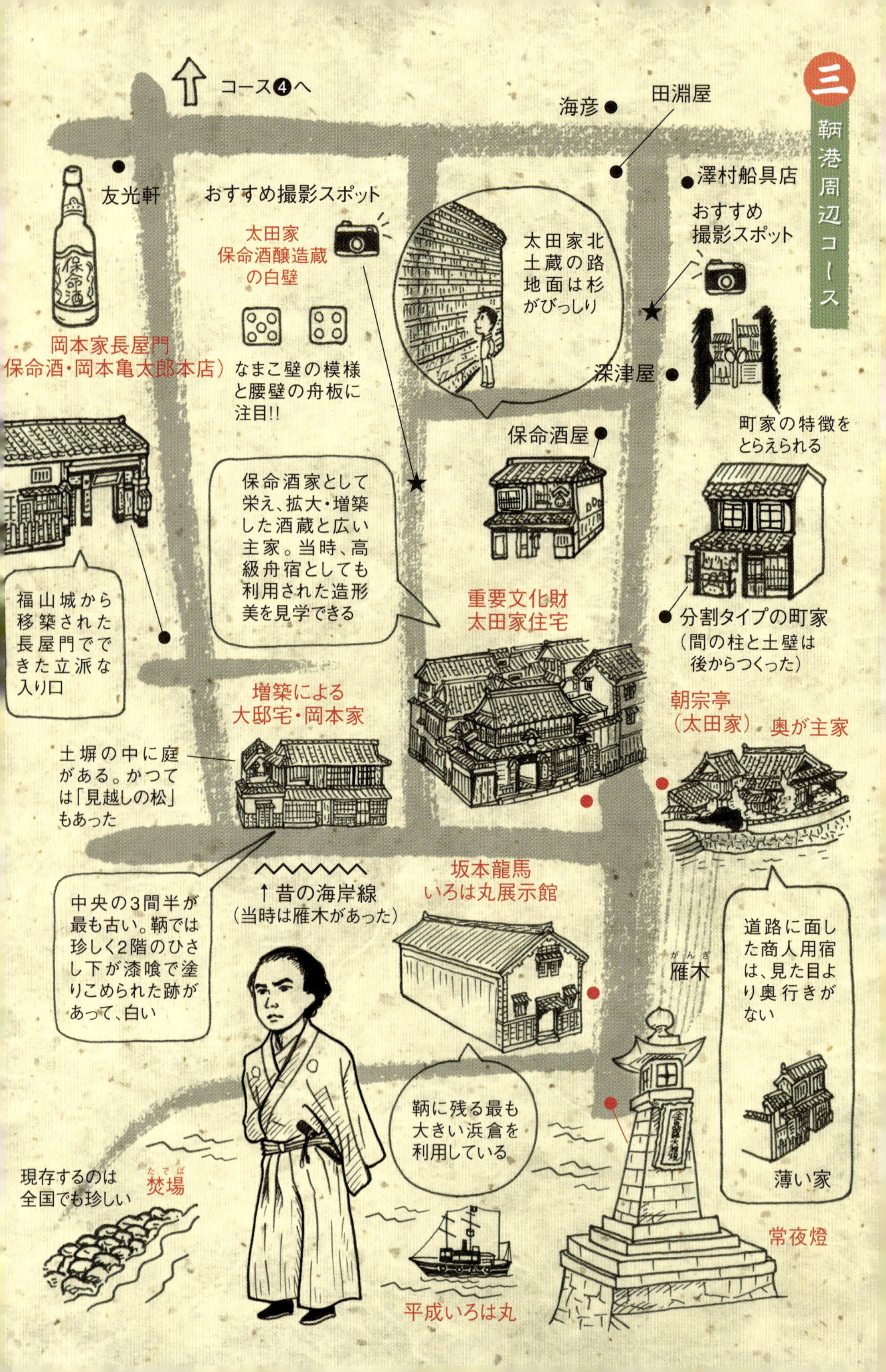

三
鞆港周辺コース
コース❹へ
海彦
田淵屋
友光軒
おすすめ撮影スポット
澤村船具店
おすすめ
撮影スポット
太田家
保命酒醸造蔵
の白壁
太田家北
土蔵の路
地面は杉
がびっしり
保命酒
岡本家長屋門
（保命酒・岡本亀太郎本店）
なまこ壁の模様
と腰壁の舟板に
注目!!
深津屋
保命酒屋
町家の特徴を
とらえられる
保命酒家として
栄え、拡大・増築
した酒蔵と広い
主家。当時、高
級舟宿としても
利用された造形
美を見学できる
福山城から
移築された
長屋門でで
きた立派な
入り口
重要文化財
太田家住宅
分割タイプの町家
（間の柱と土壁は
後からつくった）
増築による
大邸宅・岡本家
朝宗亭
（太田家）
奥が主家
土塀の中に庭
がある。かつて
は「見越しの松」
もあった
↑昔の海岸線
（当時は雁木があった）
坂本龍馬
いろは丸展示館
中央の3間半が
最も古い。鞆では
珍しく2階のひさ
し下が漆喰で塗
りこめられた跡が
あって、白い
雁木《がんぎ》
道路に面し
た商人用宿
は、見た目よ
り奥行きが
ない
鞆に残る最も
大きい浜倉を
利用している
現存するのは
全国でも珍しい
焚場《たでば》
薄い家
常夜燈
平成いろは丸

2棟に分割後も、通り土間に1列型の部屋という鞆の基本レイアウトを踏襲した町家

【太田家朝宗亭北側の町家】
分割されても通り土間に1列型の部屋の基本形

今度は南へ戻ってみましょう。メーンストリートを東に進んで、澤村船具店の西側の小路を南に折れて鞆港をめざして歩くと、左手の太田家朝宗亭の手前に分割タイプの町家が見えてきます。もともとは間口3間半余り（約7m）の2階建て切妻造り本瓦葺の1棟の町家で、19世紀中期（江戸末期）の建物なんです。

当初1階は右側2間分（約4m）を部屋、左側1間半余り（約3m）を通り土間【メモ4・p102】にしていたと推定できるんですが、のちに土間境に柱を入れて土壁を造り、2階も同じように分割して2戸の小さな町家にし、それぞれに半間幅の通り土間を設けたようです。

このように、1棟1戸の町家を2戸以上の町家に分割して利用する場合には、分割によって生まれた間口の狭い空間にも、鞆の浦の基本的な町家内部のレイアウトの通り、1列型の部屋と通り土間を設けて、小規模住宅としたようですね。

太田家本邸の主屋2階から鞆港を望む

【太田家住宅】

本邸は保命酒で栄えた江戸時代の商家の構え

次は旧保命酒屋である太田家です。小路をはさんで西側が本邸の太田家住宅、東側がご当主が移り住んでいる別邸で太田家住宅朝宗亭といい、どちらも国の重要文化財となってるんですよ。鞆七卿落遺跡（ともしちきょうおちいせき）［メモ3・p74］として、広島県の史跡指定も受けています。

本邸の広大な敷地には、南東部に建つ2階建て、南面入母屋造り、北面切妻造りで本瓦葺の主屋のほか、炊事場、西蔵、釜屋、南・北・東の保命酒蔵、北土蔵、新蔵の9棟が建っています。主屋は18世紀中期～19世紀前期（江戸中～後期）にかけて保命酒で栄えた商家の構えで、玄関には唐破風造りの看板掛けを取り付け、屋根には杉玉掛けを設けていて造り酒屋の構えをよく残していますね。

これらの建物は、江戸中期から後期にかけて、保命酒屋中村家が家屋敷を購入しながら拡張・増築してい

撮影スポットとしておすすめの、鞆の浦を象徴する風景。大規模町家の奥に軒高の違う小規模町家が並ぶ

太田家住宅本邸の玄関。唐破風造りの看板掛けや杉玉掛けを設けた造り酒屋の構え

ごあんない

入館料
中学生以上 400円（320円）
小学生　　200円（160円）
※（　）内は20名以上の団体料金

開館時間
10:00～17:00
（入館は16:30まで）

休館日
月曜日
（祝日の場合は翌日）
年末年始
（12月28日～1月3日）

お雛様の背後に立派な神棚がある

ってほぼ現在の規模になったのですが、明治に入って廻船業を営む太田家が受け継いで今に至っています。

立地条件を生かした巧みな造り

玄関を抜けると、市松模様のモダンな土間床が目を引きます。太い梁や柱は、潮風を受けた松（全体の90％）が使われています。

ここからは、「太田家住宅を守る会」代表の大井幹雄さんの案内で見ていきましょう。奥に入ると目に入る巨大なかまどがありますが、この焚き口の位置が面白いんです。ここはもともと磯辺の上に建っていました。そのため潮風がよく入ってきます。

その立地条件を巧みに利用して火を起こすときに、焚き口に風が入りやすい海側（壁側）に設けられているんです（写真ｐ72上参照）。これはイリコの生産で知られる走島などで、よくみられるものです。敷石も北木島の庵治石を使っています。

江戸中期の古今びな

市松模様の土間床

太田家住宅を案内してくださった大井さん

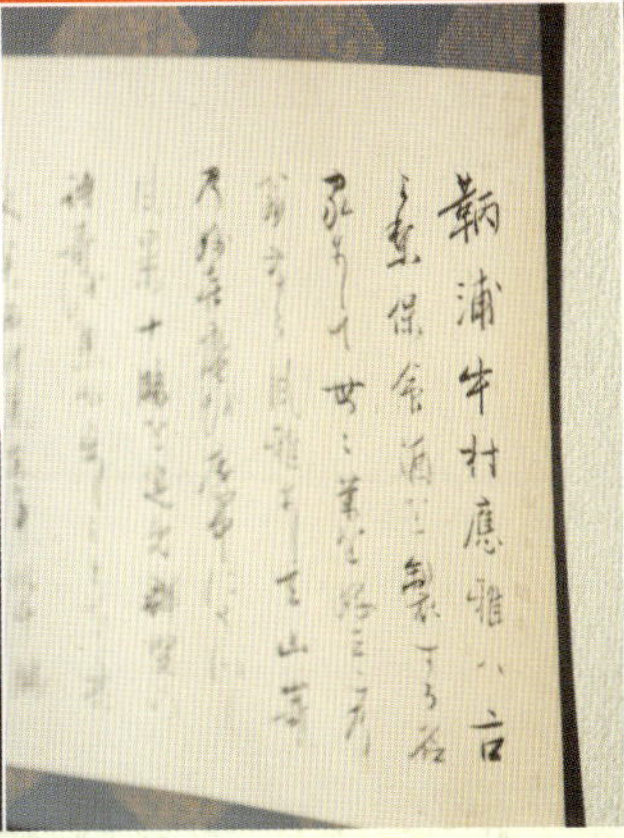

公家も招くことのできる格式

約360年前に鞆の浦にやって来て、保命酒づくりを始めた中村家の初代吉兵衛は、大坂天王寺の出身で漢方医だったそうです。屋号の「生玉堂」は、出身地に由来しています。沼名前神社の総代を代々務めてきた家柄です。常夜灯のあるあたりは、保命酒浜と呼ばれていました。

主屋の建坪は416坪、部屋数は30近くあります。表の間は、北山杉の長押、京都・冷泉家と同じ釘隠しが長押に使われている格式のある床の間をはじめ、網代（あじろ）天井、備後表の最高級の畳、土間の漆塗りの舞良戸（桟がタテに付いている）と茶席など、公家を招くことができる高貴な造りになっています。また、かつては西国大名の海本陣でもありました。

絞りの北山杉の使われた長い廊下（3間半＝約7m）が1本の柱もなく建てられているのには、当時の大工の技が光っていますね。

主屋は、セキュリティのためと潮風を防ぐため、四

かまどの焚き口は海側の右に設けられている

方をぐるりと6つの重厚な蔵（現在は4つ）で囲まれていました。ナマコ壁に「1」や「4」の模様（p75下写真）があります。これは、主屋の玄関に近い順にサイコロの目のような模様がナマコ壁に施されており、火事の際、手で触れて場所を確かめる役目もあったようです。

幕末志士の舟宿だった

2階の花月の間（非公開）は、幕末の志士たちの宿泊所でもあったといわれ、アーチ型の扉がユニークです。ちなみに、階段は2つあり、いざというときの釣り階段になっています。

太田家住宅全景（「太田家住宅を守る会」提供）

3間半の長い廊下。セキュリティのため高い塀（左）になっている

2階の部屋

隠し部屋（2階）といわれている

階段を2階へ

また主屋や4棟の蔵は、かつて戦後の引揚者7世帯約40人近くの人たちの住まいとなり、最後の人は昭和54年ころまで住んでいたといいます。

新蔵の曲がりくねった巨大な梁には驚きます。大工の巧みなチョウナの跡が目を引きます。この梁は、もともと棟梁が山見（家に使う木を選ぶ）の際、この曲がりくねった木を見たときから、新蔵の真ん中の梁として使うために切り出したもの。当時の大工の腕には驚かされますね。

太田家を案内してくださった、大井さんは、「鞆の浦は、本物が似合う町です。貴重な歴史遺産を実際に歩いて、見て、触って、実感してほしい」

［メモ3］太田家住宅／鞆七卿落遺跡（ともしちきょうおちいせき）

文久3年（1863）、尊皇攘夷を主張する三条實美、東久世道禧、壬生基修、四条隆謌、錦小路頼徳、澤宣嘉の7人の公卿が、公武合体派によって都を追放され長州に下りますが、その途中鞆港に入り、保命酒屋の中村家（現・太田家住宅）に立ち寄っています。翌元治元年（1864）

2階から眺めると、蔵に囲まれているのが分かる

に長州から再び上京した際にも、保命酒屋に立ち寄り、主屋と別宅の朝宗亭を宿泊所として利用したそうです。このことから、太田家住宅は「鞆七卿落遺跡」としても知られています。

保命酒は清酒と異なり、餅米を主原料とし焼酎を用いて製造した漢方薬酒で、これに16種類の薬味を漬け込んで製造されます。三条實美は鞆の特産品である保命酒を、竹の葉と表現して称えた歌を、明治初期の歌集「竹葉集」に詠んでいます。

西蔵。玄関に一番近いので、ナマコ壁の模様はサイコロの目の「1」になっている

新蔵に飾られたお雛様。明治天皇・皇后のお雛様（左）は珍しい

かつての保命酒づくりの甕がずらり（右）

赤松の皮付きの落とし掛け

2階の海側の部屋からは鞆港が間近に見える

花月の間。かつて幕末の志士たちが泊まった

曲がりくねった巨大な梁（手前・新蔵2階）

かつて旅の商人たちが泊まった朝宗亭の離屋（右半分）と門屋（左半分）の2階。門屋の奥行きはとても短い（写真右上、左）

太田家朝宗亭の前で、建物の構造について説明する三浦教授

【太田家朝宗亭】
鞆を支配するかのように建つ

朝宗亭は藩主の御成滞在に使われた商家の別邸で、格式を備えた町家です。1階建ての西正面切妻造り、東背面入母屋造りの主屋を敷地の中央に建て、その西正面に2階建て切妻造り門屋と、南面入母屋造り、北面切妻造りの離屋を北南に並べているんですよ。

主屋・門屋は19世紀初め（江戸後期）には竣工し、離屋は18世紀後期（江戸後期）の建物を移築したと推定されます。

別邸が興味深いのは、鞆港をめぐる雁木の途中に割って入ったような形で、南側と東側の海に面して造られた護岸石垣の上に建っていることなんです。南石垣の下には海に直接出入りできる専用の船着き場＝雁木＝もあり、まさに鞆の浦を支配するようなイメージなんですね。

これらの石造物は、18世紀後期～19世紀前期（江戸中期～後期）に造られています。

鞆港をめぐる雁木の間に造られた石垣の上に建つ朝宗亭の主屋

昔の大店の船問屋の造り

小路に面した別邸の門屋は、正面からはとても大きな町家の主屋に見えるのですが、実は2階の奥行きが1間（約2m）ちょっとしかありません。

ほら、横から見るとよくわかるでしょ？　中には大きな平屋建ての主屋が建っていて中庭もありますが、その正面に非常に幅の狭い表屋が建っているんです。1階は門となっている門屋で、2階に2畳間や3畳間の小部屋が並び、そこに旅の商人たちを泊めていました。

これが昔の大店の船問屋の造りなんですね。この家はとても高級な町家でしたから、当主が住む主屋は雑踏に面した通りから少し奥に建てて、その前に商家に見せた門屋を造っていたんです。

あとで行きますが、鞆港東側の雁木に立ってこちら側（西方向）を見ると、海に面した石垣に囲まれた平屋建ての朝宗亭の様子がよくわかります。

かつて鞆保命酒の容器を生産した皿山窯跡（鞆町後地）。中村家十代吉兵衛が窯元となり、慶応元年（１８６５）に窯を築いた（「鞆焼研究会」提供）

第４焼成室。焼成室が12ある有段の連房式登窯（「鞆焼研究会」提供）

鞆港西側の雁木と常夜燈

係留された船のむこう（左奥）に見えるのが大可島

鞆港北東側の海岸線の面した住吉神社の力石。安政5年（1858）に造られたもので、福山市指定の有形民俗文化財

【鞆港の5点セット・雁木】

どの潮位でも船を着けられる石階段

小路を抜けると鞆港西側の雁木（がんぎ）に出てきます。雁木は潮の干満に応じて、どの潮位でも船を着けられるようになった全長46mの石階段なんです。南部は今で言えば灯台に当たる常夜燈に向かってカーブしています。満潮時には雁木の上の方が岸壁となるんですが、潮が引くにつれて1段ずつ下の方の雁木が使われて、干潮時には最下段が役に立つんです。

雁が飛んで行く時に折れ線状に編隊を組みますでしょ？ その雁行に形が似ていることから雁木と呼ばれるようになりました。最上段には、円筒形の船繋石（ふなつなぎいし）が等間隔で並んでいますね。これらは明治から昭和にかけて造られたものと思われます。

雁木の雄大さは全国無比

雁木に立って東の正面の対岸に見えるのが、あとで行く大可島（たいがしま）です。今は埋め立てられて

鞆港北側の雁木から朝宗亭（右奥）、いろは丸展示館（中央奥）、常夜燈（同）を望む

陸続きとなっていますが、もともとは島だったんです。中世の頃には山城がありました。

雁木や船繋石は、鞆港の正面である北側の海岸線や、それにつながる東面の海岸線にも見ることができるんです。どれも江戸時代に創築され、明治期にほぼ同様の形で造り直されたものです。雁木の長さはそれぞれ46m、68・6mにわたって続いているんですが、それは全国のどの港の雁木とも比べ物にならないほど雄大ですね。

朝宗亭の石垣を背に、雁木について説明する三浦教授

該当方向に位置する神社に向けて掲げられた「當所祇園宮」（写真右）と「金毘羅大権現」の石額

【鞆港の5点セット・常夜燈】

江戸時代の石造りとしては全国最大級

西側の雁木の南端に立つのは安政6年（1859）に造られた巨大な常夜燈で、鞆港のシンボルとなっています。

江戸時代の石造り常夜燈としては全国最大級で、北面に「當所祇園宮」、南面に「金毘羅大権現」の石額を掲げて、それぞれ該当する方向の神社に対する寄進灯籠という形式を取っているんですよ。航海の無事を祈願する一方で、港湾施設として海に突き出して配置し、航行の際の目印として安全を図っています。

この常夜燈は、太田家（当時は保命酒屋を営んでいた中村家）がある西町が勧請して寄進していますが、これに対抗するかのように鞆港南東から南西に向かって突き出した波止（はと）の先端に、大坂屋が勧請して寄進した唐銅燈籠（からかねどうろう）が立っていたそうです。唐銅燈籠は明治15年（1882）の水害で流されたとされています。

港にはゆったりとした時間が流れる

港の西浜の海中に広大な規模の瀬戸内随一の焚場がある（p88の写真）

【鞆港の5点セット・焚場】

鞆港の重要性を示す全国でも珍しい施設

さらに、ここから西へ10分ほど歩いた鞆の町並みの西端近くには、海中に焚場（たでば）が現存しているんですよ。これは木造船の船底に付着したフジツボなどを取り払うために、船底を火で焼く施設のことで、大潮の干潮の時でないと地上に姿を見せないのですが、広範囲にわたって海底に石を敷き詰めているんです。

広島県教育委員会などの調査によって、その所在場所や規模などが確認されているんですが、全国でもとても珍しいものです。焚場を持つ港湾は多くはないので、鞆の浦が特に重要な港だったことを示していますね。

大潮の干潮の際に姿を現した焚場の石敷き。見えているのはごく一部（高垣光晴撮影、「茶房 セレーノ」提供）

鞆港全景。医王寺から望む

【鞆港の5点セット・船番所&波止】

伝統的な港湾施設が完存するのは鞆の浦だけ

これまでにご紹介した雁木、常夜燈、焚場と、あとで行く鞆港東側に位置する船番所や波止は、江戸後期から明治にかけて建造された伝統的な港湾施設で、いわゆる鞆の浦の港の5点セットと言われているものです。これらがほぼ完全な状態で残っているのは全国でも鞆の浦だけで、これはとても貴重なことなんですよ。

かつての浜蔵を利用した「いろは丸展示館」。中に入ると奥行きの長い大型の土蔵だったことがよくわかる

【いろは丸展示館】

龍馬や「いろは丸」についての資料館を展示

続いて、雁木の目の前にある坂本龍馬の「いろは丸展示館」に行きましょう。

ここには幕末の頃に起きた、坂本龍馬率いる海援隊の蒸気船「いろは丸」と紀州藩の蒸気船「明光丸」が衝突し、「いろは丸」が沈没するという事件に関して、1988～89年に行われた潜水調査の模様や、その時に引き揚げられた物や調査の様子がわかる写真、そのほかの龍馬に関わる資料などが展示されているんです。

ところで、なぜ龍馬は、紀州藩の明光丸と衝突したとき、近くの香川県の三崎半島（三豊市）に行かずに鞆の浦（沈没場所からみると4倍も遠い）に船を曳航したのでしょうか。三崎に行けば、沈没しないで済んでいたかもしれないのです。

「それは当時、鞆の浦の焚場は、年間約300隻の北前船などを修理するなど瀬戸内随一の規模を誇っていたこと、また海の交易の要衝として、大坂・京へ向かうに

沈没した「いろは丸」の模型や引き揚げられた物が展示されている

かつての浜蔵を利用した「いろは丸展示館」。中に入ると奥行きの長い大型の土蔵だったことがよくわかる

も、逆に長崎など西国へ行くにも船便が頻繁にあり、便利だったからでしょう。そう龍馬は考えて、紀州藩にいろは丸を鞆に曳航させたと言われています」。「茶房セレーノ」の主人・高橋善信さんは、こう指摘します。

展示館は奥行きが非常に長いかつての大型の土蔵

こうした展示物だけでなく、建物自体も大変興味を引くものですから、じっくり観察してくださいね。この建物は、実は19世紀中期（江戸末期）に建てられた2階建て切妻造り本瓦葺の、奥行きがとても長い大型の土蔵なんですよ。

天井を見上げると太い梁がわたされ、屋根下地には竹野地が使われているのがわかりますでしょ？　外壁は白漆喰塗りの大壁造りで、腰には雨よけに板が張ってあるんです。

【浜蔵】

太田家の鬼門避けのために建てられた2棟の小型町家。右手の小路を進むと保命酒醸造蔵へ

鞆港にはかつて浜蔵が20～30棟ずらり

もともと、鞆港に入ってきた海産物や米などの食品、陶磁器などいろいろな船荷を保管する奥行きの深い浜蔵だったんですね。先ほどメーンストリートのところでお話ししましたように、鞆の浦が賑わっていた頃には、この港の周りに大きな浜蔵が20～30棟、ずらりと並んでいたんです。

さまざまな船の積み荷をここで一旦降ろし、小さな船に積み替えて川を上っていくか、陸路で運んでいくか、していたのだと思います。

現存する浜蔵は、この「いろは丸展示館」とメーンストリートで見た計2棟を含め現在7棟あるんですが、雁木から東の対岸に目をやると、5棟を探すことができますよ。

こうした浜蔵は江戸末期に造られて明治に修理されているんですが、トタン屋根で覆われているものや、現在はアパートとして使われているものもあります。イラストや写真（p175参照）を参考に探してみてください。

舟板をリサイクルして腰壁にした太田家の保命酒醸造蔵。ここもおすすめの撮影スポット

船を思わせるカーブした舟板

【太田家の北側の小型町家】

本邸と完全に分断した借家で鬼門避け

では、先ほど来た小路を少し戻りましょう。旧保命酒屋太田家の店の前を通り過ぎて、本邸の敷地の北東の角まで行ってください。ここには、明治期に建てられた2階建て切妻造り本瓦葺で、間口が2間余り（約4m）の小型町家（p93写真）が2棟並んで建っています。

ここは太田家の鬼門（★12）に当たる東北の角なんですが、鬼門避けのため、本邸とは完全に分断して借家が建てられているんですね。

（★12）鬼門とは、陰陽道で鬼が出入りするといって万事に忌み嫌う方角です。家や敷地の中心から見て北東の方角がこれに当たります。

【太田家の保命酒醸造蔵】

リサイクルの舟板の壁

小型町家の北側の小路を入り、突き当たりを南に折れてください。ここは太田家の保命酒醸造蔵が面して

保命酒蔵の腰壁は杉の船板をリサイクル

壁のアクセントになっている海鼠壁。釘の数で趣きが変わる

いる通りで、澤村船具店のT字路と同じく、鞆らしさが一番よく出ている撮影スポットなんですよ。

江戸末期から明治期に建てられた蔵が混ざっており、国の重要文化財となっています。腰壁にはリサイクルされた杉の舟板が使われており、とても素敵でおもしろいんです。中には船を思わせるカーブした板もあって、強く目を引きますね。通常、舟板どうしを留めた船釘は、埋め込んであるため見えません。

アクセントになっている海鼠壁（p72参照）は、それぞれの蔵で壁瓦に打たれた釘の数が違うので、観察すると楽しいですよ。普通は漆喰目地の下に釘を打つのですが、古いのはそれでは留まらないので、壁瓦の真中にドンと釘を打ちます。ここの海鼠壁は釘が4つですが、5つや1つなどもあって、それぞれ異なった趣きがありますね。

岡本家住宅が面する東西に走る通り。通りから右側（右端の地面の色の違う所）は明治末期まで海だった

明治期に撮られた岡本家の表側。現在の写真（p99）と比べると、手前の海が埋め立てられ道路になっているのがわかる（「いろは丸展示館」提供）

【岡本家住宅】

鞆の浦で最大級の、増築を重ねてできた大邸宅

続いてこの小路を南へ突き抜け、太田家住宅の南側の街路に出て西へ進みましょう。広大なワンブロックの敷地に建つ大規模な町家が見えますね。岡本家住宅で、鞆の浦では最大級の、増築によってできた大邸宅なんです。

建物の正面は南側を東西に走る通りに面しているんですが、この通りから南側は、警察署の辺りまで明治末期以前は海で、岡本家の敷地の東端から鞆港の常夜燈まで、警察署の裏側にクランクを描いて結ぶラインが、かつての海岸線だったのです。

海側に向いて建つ家屋は間口9間（約18m）の2階建て入母屋造りで、向かって左側の一角は間口2〜3間（約4〜6m）の庭になっています。正面の南側は一見すると、東西に長い1棟の町家に見えますが、建築年代によって三つの部分に分けられるんですよ。

増築を重ねて造られた鞆最大級の岡本家住宅。家の前は海だった

標準的規模の町家の両側に増築後ひとまとめに

家屋の中央部約3間半（約7m）が最も早く19世紀中期（江戸末期）に建てられたもので、その右側2間半（約5m）余りは明治中期、左側3間（約6m）は明治後期に増築されたものと思われます。

最初に造られた切妻造りの中央部は当初、通り土間と1列の部屋のある鞆の浦の標準的規模の町家だったんですよ。

でもその後、右側に座敷を増築し、左側に庭付きで奥側に床の間・付書院を設けた本格的な座敷を増築した後に、全体がひとつの入母屋造りとして整えられているんです。

岡本家は明治期に保命酒の製造販売を行っていたので、庭の後方には醸造蔵も見えますね。

町家の経済的成長に合わせてなされた増築

屋根はもともと本瓦葺だったのですが、昭和30年代に赤瓦による桟瓦に葺き替えられていますね。

左の軒下に桁の継手が見え、増築された建物であることがわかる

赤瓦による桟瓦に葺きかえられた屋根

左側の座敷に直接入ることができる広い庭は木戸の付いた土塀に囲まれており、かつては「♪粋な黒塀、見越しの松に～♪」とお富さんの歌にあるような、塀の屋根の上を見越した老松が生えていたんですよ。

こうした増築法は、鞆の浦の南部に位置する町家に多く見られますが、その理由としては、過密都市であるため広い敷地を一挙に確保することが難しく、町家の経済的成長に合わせて段階的に増築を重ねていったのではと考えられるのです。

【保命酒の岡本亀太郎本店】
福山城の長屋門がある

岡本家住宅の西側には、保命酒の岡本亀太郎本店があります。南北の小道に面した店の入り口には、明治の初めに移築された福山城の長屋門があります。

これは17世紀初期に築かれた福山城内にあった入母屋造り本瓦葺の建物なんですが、左側に番所が見られ

福山城の長屋門を移築した岡本亀太郎本店

るんです。この長屋門は福山市の重要文化財となっているんですよ。

【ポンプ式井戸の周辺】

石祠のある井戸&本瓦葺の小さな祠&肘掛窓の町家

岡本亀太郎本店の前の道を北に、メーンストリートを越えてさらに1ブロック進むとT字路になり、その左角にポンプ式井戸（p102左下写真）がありますね。かつての公共の井戸で、その奥に少しだけ顔を出している古い井戸枠は、切石を六角形に並べているんです。

今では井戸の大部分が傍の建物の中に取り込まれ、古い井戸枠の外側に手押しポンプが、近代に設置されています。傍の石祠には井戸の神様である水神様が祀られており、明治25年（1892）造立と刻まれていますよ。このことから、井戸枠も同じ年かそれ以前に造られたと思われます。

道を挟んで西側には小さな祠（p102右写真）が立っ

肘掛窓に付けられた昭和30年代を思わせる看板

右手前はポンプが付いた井戸。ポリバケツの下が古くからの井戸。その左手にある祠に井戸の神様が祀られている

小さな祠にも本瓦が葺かれ、梁には彫刻が見える

ていますが、とてもかわいらしいと思いませんか。でも、屋根は本瓦葺で正面の梁にも彫り物が見られますよ。その右隣の町家の2階は肘掛窓になっており、そこに付けられている昭和30年代の看板と相まって、レトロで不思議な雰囲気を醸し出していますね。

［メモ4］分割タイプの家／通り土間

鞆の浦で一般的な規模の町家では、1列に並んだ部屋に沿って通り土間が通され、その後方に台所、中庭、便所、風呂場、離れ座敷が配置されていました。土蔵を持つ家はあまり多くなかったのです。

通常、台所は土間の後方に突き出して配置され、中庭を挟んで台所の向かい側に便所と風呂場が設けられました。離れ座敷は、台所のさらに奥に配置されていました。一般的に、台所部分には隣家境に高い土塀が造られ、中庭側に葺き下ろす片流れの屋根が架けられていました。

便所や風呂場についても同様に屋根が架けられていました。通り土間形式の現存最古の町家は、澤村船具店倉庫の右側の棟です。

町家の中には、自分の家の外壁は造るものの、隣家の土塀に接して屋根を架ける家や、独立した外壁すら造らず隣家の外壁を利用している家も見られます。

四

寺社めぐりコース

医王寺〜沼名前神社〜安国寺を歩く

鈴木辰夫 絵　元町浜から見た鞆港

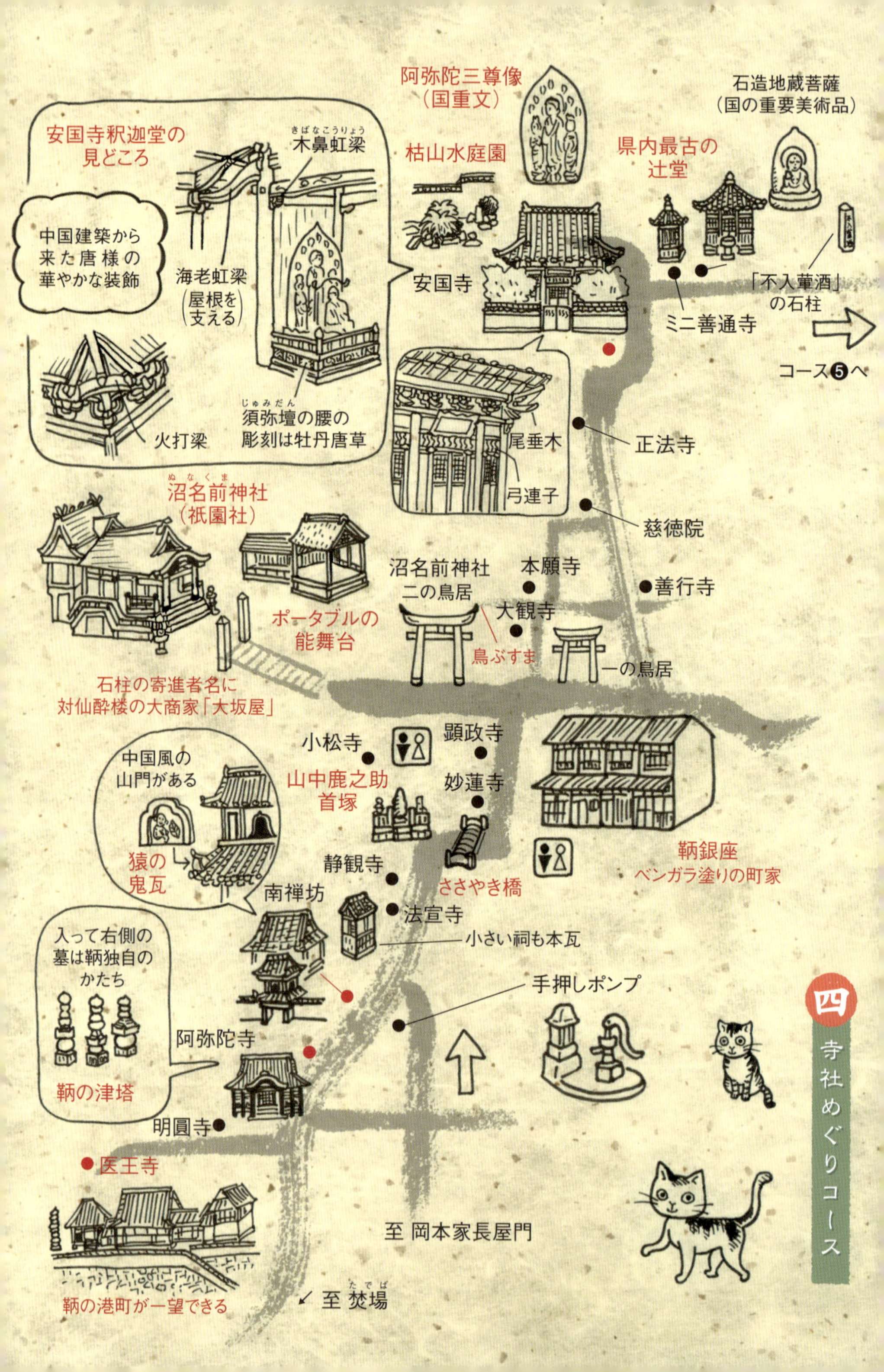

阿弥陀三尊像
（国重文）
石造地蔵菩薩
（国の重要美術品）
安国寺釈迦堂の
見どころ
木鼻虹梁《きばなこうりょう》
枯山水庭園
県内最古の
辻堂
中国建築から
来た唐様の
華やかな装飾
海老虹梁
（屋根を
支える）
安国寺
「不入葷酒」
の石柱
ミニ善通寺
コース❺へ
火打梁
須弥壇《じゅみだん》の腰の
彫刻は牡丹唐草
尾垂木
正法寺
弓連子
沼名前《ぬなくま》神社
（祇園社）
慈徳院
沼名前神社
二の鳥居
本願寺
善行寺
大観寺
ポータブルの
能舞台
鳥ぶすま
一の鳥居
石柱の寄進者名に
対仙酔楼の大商家「大坂屋」
小松寺
顕政寺
中国風の
山門がある
山中鹿之助
首塚
妙蓮寺
猿の
鬼瓦
静観寺
鞆銀座
ベンガラ塗りの町家
ささやき橋
南禅坊
法宣寺
小さい祠も本瓦
入って右側の
墓は鞆独自の
かたち
手押しポンプ
阿弥陀寺
鞆の津塔
明圓寺
医王寺
至 岡本家長屋門
鞆の港町が一望できる
至 焚場《たでば》
四
寺社めぐりコース

【寺町通り一帯】

19のお寺のほとんどは福島正則が造ったもの

角にポンプ式井戸のあるT字路の南北の通りに出ましょう。この通り一帯には浄土宗をはじめ、浄土真宗、真言宗、臨済宗、独特のひげ文字で「南無妙法蓮華経」の題目を刻んだ石柱が立つ日蓮宗、浄土宗や浄土真宗と同じ念仏系の宗派である一遍上人の時宗など、さまざまな宗派のお寺が19も集まっているんですよ。

通りの北の突き当たりに位置する安国寺は、もとからありましたが、ほかのお寺はほとんど福島正則が造ったものです。

400年ほど前、この辺りから東方に見える山――現在、福山市鞆の浦歴史民俗資料館が立つ場所――に、福島正則が鞆城を築いたんですが、元和元年（1615）に徳川幕府の一国一城令【メモ5・p107】によって廃城を命じられたとされています。

けれど、もう既に福島正則がお城を造る際に、城下町の一番端を守ろうと、都市計画的にいろいろな宗派

寺町通り。左は日蓮宗 妙蓮寺の山門

のお寺をこの通りに一直線に並べていたのです。ただ安国寺だけは、もとからあるために道が突き当たってしまって、そこで曲がるようになるのですが。

結局、お城は廃城になってしまったのですが、お寺は残りました。実際に福島正則がお城をつぶしたのは、元和元年ではなく、慶長14年（１６０９）だろうと思われます。

お寺の屋根の蓋瓦がおもしろい

この通りを歩きながら、お寺の山門や庫裏などの切妻の屋根や、入母屋造りの本堂正面に設けられた向拝（こうはい）という階段上のひさし屋根などを見上げて、その角に付けられた蓋瓦を観察してください。

なぜ蓋瓦かと言うと、側面からの瓦と正面からの瓦がちょうど交差するところに隙間ができるので、蓋が必要になるんですね。ただの蓋ではおもしろくないので蓋瓦になっており、デザイン上いろいろ好みが分かれるためか、さまざまな生物が使われているんですよ。

美しい花が咲く日蓮宗 法宣寺

一番多いのが飛び込み獅子で、獅子が逆立ちして飛び込んだ形になっています。飛び込み獅子についてのいわれは特にないんですが、誰かが使って威勢が良かったから広まったのでしょうね。

次に多いのが亀や桃で、「亀は万年」と言われて縁起が良く、桃は昔から魔除けとされています。なぜかと言うと、『古事記』の時代、イザナギノミコトが黄

［メモ5］寺町通り／一国一城令

元和元年（1615）、2代将軍徳川秀忠の時、江戸幕府によって発布された一国一城令に従って、1領国に対して城は1城のみ許されることとなり、多くの諸大名は居城以外の城郭を廃却しました。その際、福島正則が築いた鞆城も廃城となったとされていました。近年の研究によれば、それ以前の慶長14年（1609）に、西国大名とくに福島正則が新たに城を2~3か所（鞆城・大竹の亀居城）勝手に築いたと聞いて家康が立腹し、正則がその新城を取り壊して家康の怒りを静めたとされます。しかし、廃城後も大手門などは存在し、藩の役所としての機能は残りました。

福山城主となった水野勝成は、鞆城に嫡男勝俊を居住させています。鞆城はその後、福山藩の鞆奉行所となりました。

臨済宗 慈徳院の山門

日蓮宗 妙蓮寺の山門

臨済宗 静観寺の山門。最澄の創建とも伝えられる

日蓮宗 顕政寺の山門

泉（よみ）の国に行って、イザナミノミコトの家来たちから追いかけられた時に、桃の実をぶつけて退散させたという言い伝えがあるからなんです。

蓋瓦には特別な決まりごとはなく自由に作っていますから、菊や牡丹の花、鳩なども使われていますよ。

【明圓寺】

鐘楼は袴型の珍しい形

では南側のお寺から順に見ていきましょう。お寺の通りを南へ進み、右手にある南禪坊・阿弥陀寺を過ぎたら、次の右角を折れて小路を上っていってください。しばらく上ると右手に浄土真宗の明圓寺が見えてきますよ。

ここは室町末期の石山合戦（1570～1580年）で、住職が毛利軍と共に織田信長と戦ったといわれるお寺。福山藩との結びつきも強く、下部が袴（はかま）型の正式な鐘楼には藩から寄進された梵鐘も残っているんです。

医王寺への上り道。右手に明圓寺が見えてくる

医王寺の桜

明圓寺の鐘楼

医王寺の本堂

【医王寺】

眼下に広がる鞆港の眺めは一見の価値あり

明圓寺からもう少し頑張って、きつい坂や階段を上って行くと、後山（うしろやま）中腹に真言宗の医王寺が見えてきます。ここは平安時代に弘法大師によって開基されたと伝えられるお寺。眼下に広がる鞆港を一望する眺めはとても素晴らしく、一見の価値がありますよ。

植物を観察するためにやってきたとされるオランダ人医師シーボルトも、この小路を上ったのでしょうね。本堂はこぢんまりとしていますが、17世紀後期の優美な建築です。本尊は木造薬師如来立像で、広島県の重要文化財に指定されています。

【阿弥陀寺と鞆の津塔】

鞆独特の格式の高いお墓

では、今上ってきた小路を戻って再びお寺の通りに

医王寺から一望できる鞆港全景。左奥は仙酔島

出ましょう。今度は北に進んでいくと、すぐ左手に浄土宗の阿弥陀寺が見えてきます。正しくは「あみだじ」なのでしょうが、鞆の人は「あみだいじ」と呼んでいます。山門はとても大きく、鞆の浦随一。

山門をくぐって右方の墓地に行くと、たくさんの「鞆の津塔」が並んでいます。これは17世紀中期（江戸時代前期）の商人が建立した鞆独特の格式の高いお墓で、形は、墓塔・供養塔などに使われる五輪塔と宝篋印塔（ほうきょういんとう）をミックスしたものなんです。宗派には関係がなく、鞆ではほかの寺にもあります。

墓地の端の方にまとまって寄せられているので無縁仏と思われますが、高さが2メートル以上ある大名級のものや、女性の名が刻まれたものもありますよ。当時、大名と違って一般庶民はまだお墓を建てられない時代でしたから、その時代の鞆の商人たちが、いかに財力を誇っていたかを見せつけられるようですね。

浄土宗 阿弥陀寺の鞆の津塔

【南禅坊】

浄土真宗特有の鐘楼門

阿弥陀寺の北側には浄土真宗の南禅坊がありますから、行ってみましょう。入り口に2階建て鐘楼門が見えますね。鐘楼門は浄土真宗特有のものなんです。

江戸時代、2階建ての楼門は寺の格式が特別に高くないと造れなかったのですが、このお寺では山門の2階に鐘を入れて鐘楼門にし、その規制をうまくかわしていますね。

屋根の鬼瓦（★13）を見てください。珍しく猿が使われていますよ。南禅坊はもともと福禅寺の下にありましたが、江戸中期の正徳年間（1711～1716年）に現在地に移転したのです。江戸時代を通して、朝鮮通信使の常宿にもなっていたんですよ。

（★13）建物の大棟や降り棟（くだりむね）の端を飾る瓦を鬼瓦と呼んでいます。飛鳥時代に大陸から伝わり、鬼面を彫刻した「建物の守り神」でしたが、桃山時代以降になると、鬼面ではなく、家紋や寺紋などを彫った鬼瓦が盛んに作られるようになりました。こうなると鬼瓦とは呼びたくないですね。

浄土真宗 南禅坊の2階建て鐘楼門。

日蓮宗 法宣寺の山門

鬼瓦に猿が使われているのは珍しい（南禅坊）

【山中鹿之助首塚】

挙兵し討たれた尼子の家臣を埋葬

さらに北へ進み、先ほど見たT字路の井戸や祠を過ぎて、左手に日蓮宗法宣寺の石垣を眺めながら歩きましょう。この石垣は江戸後期に造られたもので、江戸時代の初めに廃城となった鞆城の石垣の石も混ざっているんですよ。

しばらくすると、この通りは右に直角に折れ曲がりますが、ちょうどその角、鞆の浦で一番古いお寺のひとつ、臨済宗静観寺の山門の前に「山中鹿之助首塚（やまなかしかのすけくびづか）」があります。

戦国時代の終わり、毛利氏に滅ぼされた出雲の尼子（あまご）氏の家臣・山中鹿之助は、お家の再興を願い挙兵したのです。けれども天正6年（1578）、岡山県の高梁川阿井の渡で討たれてしまい、備中松山城（岡山県高梁市）に在陣していた毛利輝元に首実検をされました。

その後、鞆城へ送られて室町幕府最後の将軍・足利義昭にも首実検をされ、首塚の近くに埋葬されたのです。

山中鹿之助首塚。臨済宗静観寺の山門の前にある

【ささやき橋】

古墳時代の悲恋の舞台

首塚のすぐ東側にあるのが「ささやき橋」です。19世紀に造られた、とても小さな石造りの太鼓橋で石畳の道の一部となっていますね。

古墳時代の応神天皇の頃、百済からの使節の接待役・武内臣和多利と官妓・江の浦が役目を忘れ、夜ごと恋を語り合っていたという場所。それが噂になり、二人は二度と抱き合えぬよう後手に縛られたまま石のおもりを付けられ海に沈められたという悲恋の舞台です。

【沼名前（ぬなくま）神社の参道】

大変賑わったかつての鞆銀座

ささやき橋を渡り、すぐ先を左に折れると日蓮宗の妙蓮寺があります。本堂の屋根の頂（大棟）を見上げてください。瓦の板でできた、壁画のような彫刻になっているでしょ？

日蓮宗妙蓮寺の本堂の大棟の瓦の板で作られた彫刻

これは明治以降、昭和にかけて、全国でいっせいに流行った建築手法なんですよ。

顕政寺を過ぎると、沼名前（ぬなくま）神社の参道に出てきます。この通りは、大正から昭和戦前にかけて鞆銀座と呼ばれて、大変賑わったそうです。

「一の鳥居」とベンガラ塗りの町家

通りに出てすぐ右手を見てください。沼名前神社の「一の鳥居」が目に入りますね。鳥居に刻まれた文字を読むと、江戸後期の天保8年（1837）に尾道の石工によって造られたことがわかります。

鳥居の上にわたされた笠木（かさぎ）やその下にある貫（ぬき）の端部は、傍に建てられた町家の2階手すりに突き当たっていますよ。

また、この辺りの町家の2階は肘掛窓が付いていて、手すりにはちょっとした彫刻が施されていますね。その木材が少し紅っぽく見えるのは、建築当初ベンガラ（★14）が塗られていたためなんです。

沼名前神社の「一の鳥居」。笠木や貫の端が傍の家に突き当たっているように見えるが、実は民家の方が張り出している

祇園社から沼名前神社に改称された経緯を説明する三浦教授。うしろの建物は社務所

笠木の両端に鳥衾のついたユニークな形の「二の鳥居」

（★14）赤色顔料のベンガラは、鉄の赤さびと同じ成分です。江戸中期から昭和40年代まで、岡山県高梁市成羽町吹屋地区で生産されていました。吹屋ベンガラは品質が良く安定して供給されたので、国内随一の特産地として、全国に名を馳せたのです。

「鳥衾付き二の鳥居」はこの神社だけのオリジナル

参道の中ほどに立つ「二の鳥居」を見てみましょう。変わった形をしていますでしょ？　これは、笠木の両端が上に強く反り返った北九州の肥前国（ひぜんのくに）（佐賀県）の肥前鳥居から変化発展した形です。この鳥居は通常の肥前鳥居ではなく、その笠木両端に、屋根の頂部につける小さな丸い出っ張りがのっているんですよ。

これは鳥の寝床を意味する鳥衾（とりぶすま）が付いたもので、ユニークな形の鳥居となっています。鳥衾付き鳥居は日本で唯一ここだけのオリジナルなんです。

鳥居には福山の殿様・水野美作守勝重（みずのみまさかのかみかつしげ）の寄進であること、寛永2年（１６２５）、肥前之住人・中島弥兵衛（なかじまやへえ）が造ったことが刻まれていますので、おそらく肥前から石工を呼び寄せたのでしょう。花崗岩で造られ、県の重要文化財となっています。

福山城主が寄進したポータブルの能舞台

この神社でぜひ見ていただきたいのは、境内右手にあるポータブルの能舞台なんです。

これは”豊臣秀吉遺愛のもので京都伏見城内にあったが、元和6年（１６２０）伏見城解体の際、福山城主水野勝成が徳川二代将軍秀忠から拝領し、のちに寄進した“と伝えられていますが、実はおそらく17世紀初めに家康が造り、秀忠から勝成へ与えられたものだと推定されます。

福山城主の水野勝成が、自身が所有していたものを寄進し、ここに移築されたのは確かですが。17世紀の初めに造られた能舞台としても、国内に残っているものの中で3番目に古く、国の重要文化財に指定されて

国内で唯一現存している
ポータブルの能舞台

畳約2枚分の板と3本の垂木がワン
セットで取り外せる能舞台の屋根裏

いるんです。

ちなみに宮島にある能舞台は延宝8年（1680）のもので、ここの能舞台より50年は新しいものです。能舞台の周りに付けられた板囲いは本来はありません。雨よけの目的で最近作られたもので、使う時にははずします。非常にシンプルな造りになっていますね。

柱も床も天井もばらして運べる

ポータブルですから、もちろん柱も床もばらばらになります。これは組み立て式としては当たり前のことですが、ポイントはこの天井。畳2枚分くらいの大きさのパネル板と垂木3本がワンセットになっていて、ばらして運ぶことが可能になるんですよ。

そして組み立てる時は、棟木に付けた鉄環に、パネルをひっかけるようになっているんです。ちょっと天井を見てください。左右に並べたパネル板の境目には、それぞれの板の端に付けられた垂木が2本隣接しているのがわかりますか。

石段を上ると正面に、沼名前神社の社殿がある

能舞台は、戦国時代、戦（いくさ）で長く陣を張る際に武将たちの娯楽として必要とされたから、持ち運べるように工夫されたのでしょう。この神社の能舞台は、ポータブルとして国内で唯一現存しているもので、桃山時代に豊臣秀吉が持ち歩いていた能舞台の面影を見ることができますね。

本来の祇園社から沼名前（ぬなくま）神社に改称

では、これから社殿に参拝しましょう。ここは本来、須佐之男命（スサノオノミコト）を祀る祇園社（ぎおんしゃ）だったのですよ。

中世から明治維新の頃まで、備後の国の三祇園＝鞆祇園社・小童（ひち）祇園社〈現、三次市甲奴町小童の須佐神社〉・戸手天王社（とでてんのうしゃ）〈現、福山市新市町戸手の素盞嗚（すさのお）神社〉＝の中で最も栄えた鞆祇園社として崇敬を集めた神社だったのですが、明治維新の神仏分離令によって、祇園社という名称が仏教的だとされ、改称を政府から命じられ

沼名前神社の社殿。大綿津見命と須佐之男命が祀られている

たのです。

そこで、幕末から全国的に格式が高いと再評価されていた延喜式内社（えんぎしきないしゃ）の沼名前（ぬなくま）神社に名前を変えました。

そして、それまで境内の小宮として祀られてきた渡守（わたす）神社の祭神である海の神様、大綿津見命（オオワタツミノミコト）が沼名前神社の主祭神として迎えられ、祇園社の須佐之男命とともに本殿に祀られているのです。

鞆の人々にとっては今でも「祇園さん」

けれど今でも鞆の人々は親しみを込めて祇園さんと呼び、毎年7月の夏の祭礼には火祭り「お手火（てび）神事」が行われます。

境内にあった木造の本殿＝本来の祇園社本殿は、福山の殿様の水野氏が建てた、東照宮のような壮麗な建築でしたが、惜しくも火事で焼失してコンクリートで再建されました。境内社として建てられた渡守（わた

沼名前神社の境内社として建てられた渡守社本殿。祭神は大綿津見命だった

す）神社本殿は、当時のものが右の方に現存していますので、見てください。

大坂屋の名を刻む標柱

本殿正面の標柱（しめばしら）には「大坂屋萬右衛門取次　慶応三年十二月」（明治元年（1868）1月に当たります）の彫り込みが見られます。大坂屋は江戸末期から明治にかけて栄えた鞆一番の大商家で、頼山陽が滞在した対仙酔楼を建てていますね。また、ここには鞆の人ばかりではなく、鞆と貿易をしていた人たちの名前を刻んだ石柱も見られますよ。

対仙酔楼を建てた大坂屋の名が刻まれた沼名前神社社殿前の標柱（右）

【安国寺】

南北朝の戦死者を弔うため当時の国ごとに造られたお寺

そろそろ神社にお別れを告げます。再び寺町通りを北に向かって歩きながら、本願寺や慈徳院、正法寺などのお寺を観察してみましょう。

寺町通りの突き当たり、臨済宗の備後安国寺にやってきました。安国寺は足利尊氏・直義兄弟が南北朝の戦死者を弔うために全国の国ごとに造ったお寺です。広島県では、安芸安国寺が広島市の不動院、備後安国寺がここになります。

釈迦堂屋根の降棟（くだりむね）に珍しい龍の飾り

山門から入ったら、奥にある安国寺釈迦堂をめざしましょう。国の重要文化財となっている釈迦堂ですが、中に入る前にまず裏手にまわり、屋根や外観を見てください。

これは室町後期の建物ですが、裏側の屋根の降棟（くだりむね）（★15）の先端の飾りが、愛嬌のある龍の

安国寺の南隣にある臨済宗 正法寺の山門

臨済宗 安国寺の山門の傍に立ち、安国寺について説明する三浦教授

時宗 本願寺の山門

唐様の組物（釈迦堂）

頭（p124写真）になっているのがわかりますか。普通、あそこは鬼瓦なんですが、全国で数か所、龍が居るところがあり、極めて珍しいものなんですよ。

この近くでは尾道の常称寺本堂にあり、やはり国の重要文化財となっています。この龍の頭は一見の価値ありですが表側にはなく、裏まで来なければ見えません。

（★15）屋根の頂にのる大棟の両端から屋根面を下る化粧棟で、瓦屋根の場合に設けられます。

軒には鞆の財力を象徴するような建築様式

釈迦堂の軒には唐様（からよう）（★16）の組物（くみもの）（★17）が見られますね（p122写真左下）。尾垂木（おだるき）（★18）の先端を細くして45度くらいに斜めにカットしてあるのが唐様の特徴です。普通、組物は柱の上にだけあるのですが、唐様は柱と柱の間にもあるんです。

これには材料が通常の2〜3倍要るので、唐様の建物はお金持ちしか造れないんですよ。当時の鞆の商人

咲き誇る桜に彩られた安国寺釈迦堂正面

安国寺釈迦堂裏手の屋根の降棟に見られる、愛嬌ある龍の顔

の財力を象徴していると思います。

外壁の上の方に設けられているのは、やはり唐様建築の特徴である弓連子（ゆみれんじ）（★19）または波連子（p125写真右上）と呼ばれるもので、明かり取りの欄間（らんま）のようなものです。

（★16）鎌倉時代末期に禅宗と共に中国から伝えられた元時代の建築様式。もう一つの建築様式である和様と比べて、高級・異国的であるので、江戸時代以来、唐様と呼ばれました。近年は禅宗様ともいいます。

（★17）社寺建築を象徴する複雑な木組みで、柱の頂部に設けられます。短い棒状の肘木（ひじき）と四角くて下方をそぎ落とした斗（ます）とを組み合わせたものです。文化財保存のシンボルマークにもなっています。

（★18）組物から屋外に斜め下方に突き出ている、かんざしのような部材で、てこの原理を使って深い軒を跳ね上げる働きをします。

（★19）連子とは窓や欄間などに、縦または横に一定の間隔をおいて取り付けた格子を指します。弓連子は弓なりに反っている連子のこと。

釈迦堂の裏手に本堂跡と枯山水の庭園

今、釈迦堂の裏手にいますので石段を少し上って、距離的に近い安国寺本堂跡と枯山水の庭園を見ておきましょう。安国寺本堂は大正9年（1920）に火事

弓連子

カエルが踏ん張った形に似ていることから名づけられた板蟇股。重量を支えるための装飾的な厚い板材

釈迦堂天井の四隅に付けられた火打梁。災害時に発生する水平力による変形を防ぐ

で焼失し、基礎の石のみ残っています。

本堂の南の縁側の傍にあった手水鉢のあたりから、その南側にある鶴と海亀を配した枯山水の庭園を望んでいたのでしょうね。この庭園は水を使わないで、石と白砂、苔・潅木などを使って自然を表現しており、その手法が「禅の心」を表しているとされるんです。

この庭園は室町末期に造られ、その後、安國寺恵瓊（あんこくじえけい）が桃山期の手法で改造したと伝えられているんですよ。川には石橋がかかり、築山には岩石を立てて仏さまを表現しています。

海中に浮かぶ仙人の島の蓬莱（ほうらい）を模したので、蓬莱式庭園、また右のソテツが植えてある鶴島と左手前の松が生えている亀島から鶴亀式庭園とも呼ばれ、武士に好まれたようです。

庭園のすぐ傍には、四国八十八か所ミニ霊場のひとつ、金倉寺が造られています。76番目のお堂で石の仏様が中に置いてありますね。

本堂跡の手水鉢付近から枯山水庭園を望む

釈迦堂内の天井にも唐様建築

さて、それでは釈迦堂の中に入ってみましょう。まず天井を見上げてみてください。堂内の四隅に45度方向に付いているのは火打梁（ひうちばり・p125写真左）（★20）ですが、これは中国建築の造り方なんです。日本にはほとんど入ってきておらず、日本中探しても使われているのは3棟しかありません。どれも文化財なのですが、ひとつが空襲で焼けてしまいましたので、現在は二つしか残っていないのです。

ここと和歌山県下津町にある国宝・善福院釈迦堂の2棟です。ただ現代の木造住宅には、天井裏になりますが、入れることが義務づけられていますよ。

天井には海老虹梁（えびこうりょう・p127写真左）（★21）が使われ、尾垂木を中まで引っ込めておいて先端の方で屋根を支えているんです。てこの原理を使った唐様建築の特徴ですね。

また普通なら細かい垂木で支えるところを、非常に太い垂木を疎らに使う大疎（おおまばら）垂木も唐様

須弥壇の腰に彫刻された牡丹唐草

四国八十八か所ミニ霊場のひとつ、金倉寺。枯山水庭園の傍に建てられている

左右で高さの違う部位にわたされた装飾的な海老虹梁と、太い垂木を疎らに使った大疎垂木

室町時代の典型的な装飾彫刻、木鼻

本来の造り方の一つで、太い垂木の間を広々とした板で造っています。

（★20）木造の床組みや小屋組みで、地震や台風時に発生する水平力による変形を防止するために設ける斜材です。
（★21）左右で高さの違う部位に掛け渡した虹梁で、エビ型に大きく湾曲した形をしています。虹梁は虹のように反っている（実際はほとんど真っ直ぐ）装飾的な梁のことで、社寺建築に使われます。

彫刻には室町時代の特徴

須弥壇（しゅみだん・写真p127右上）（★22）の腰の彫刻（腰はめ板）は牡丹（ぼたん）唐草なんです。室町時代の彫刻の特徴は、全体がまっ平らで立体感に乏しく板のようなもので、ほぼ左右対称。完全に左右対称に造るのは難しいので、だいたい対称に彫られているんですよ。

虹梁の端に付いた葉のような形の彫刻は木鼻（きばな・写真p128）と言って、典型的な室町時代の彫刻です。ところが、虹梁は18世紀前期（江戸中期）に、お堂をばらばらにして取り替えられていますね。

壁の組物の上の壁に見えるのは板蟇股（いたかえるまた・写真p125右下）（★23）という室町時代のもので、本来の日本建築ではこの部分には入れないもので極めて珍しく、国内で数例しかありません。

（★22）仏像を安置する仏壇のことで、和様と唐様とでは欄干などが異なります。
（★23）重量を支える装飾的な厚い板材。カエルが踏ん張った姿勢に形が似ていることから、蟇股と呼ばれます。蟇股には2種類のものがあり、そのうち板蟇股は1枚の板でつくり、中を繰り抜いていないもの。中を繰り抜く蟇股は単なる装飾で、区別するときには本蟇股といいます。

文化の先進地だったことがわかる珍しい特色がたくさん

このお堂は江戸時代中期と昭和戦前に、ばらばらにして修理されており、その度に部品が取り替えられ、さまざまな年代のものが混ざっていますが、15～16世紀の珍しい特色がたくさんありますよ。

なぜなら鞆の浦は、南北朝時代から室町にかけて栄えたシンガポールに匹敵するような国際貿易港で、あちこちからの貿易船などが立ち寄る文化の先進地だったからなんです。

建物が傷んだのは17世紀、城主が福島正則から浅野長晟（あさのながあきら）に代わる頃で、どちらの城主も修理せずに放ったらかしたため、雨漏りなどがして腐ったのが原因と思われますが、18世紀になってからは公権力での修理は無理だと、地元の人たちがお金を出しあって民間で修理するようになりました。

国の重要文化財に指定されている仏像は信仰の対象として見ればりっぱなものですが、お顔が素朴で愛らしさが感じられますね。

【ミニ善通寺】

四国巡礼八十八か所のひとつ

次に参道に出てみましょう。四国巡礼八十八か所のお堂のひとつであるミニ善通寺が建っていますよ。

これは江戸末期に造られた四国巡礼のお堂のひとつで、かつては鞆中に同じミニサイズのものが88棟あって全部回れたのですが、今残っているのは数か所なんです。先ほど行

鎌倉時代に造られた木造阿弥陀如来及両脇侍立像と、木造法燈国師坐像。どちらも国指定の重要文化財

四国八十八か所ミニ霊場のひとつ、善通寺。江戸末期に造られたりっぱなもの

った裏の枯山水の庭園の傍にもありましたでしょ?

こうしたミニ霊場は、結構あちらこちらで流行っていました。普通だったら50cmぐらいの石仏を造って山の斜面にずらっと並べて置くだけのですが、お金持ちの商人がいた鞆の浦では、小さなお堂を88か所造ったのです。このミニ霊場は日本中見ても例を見ないりっぱさで、そういう意味では貴重ですよ。

今造れば数百万ぐらいかかりそうですものね。個人が造っているのですが、経済的に余裕があったということと、誰が造ったかというステイタスを求めて、あちらが造ったのならこちらも、ということになったのでしょう。

この善通寺は75番目のお堂で、江戸末期にできてから、ほとんど手を入れていないのがわかりますが、よく残っていますね。

土塀で囲まれた安国寺。阿弥陀寺から北へほぼ直線状に伸びてきた道は、右奥の突き当たりで終わり、右手に約90度折れていく。

【県内最古の辻堂】

広島県内で一番の鎌倉期の石のお地蔵様

ミニ善通寺の隣にあるのが、国の重要美術品のお地蔵様です。石のお地蔵様としては広島県内で一番いいもので、鎌倉時代の元徳2年（１３３０）と刻まれています。地獄から救ってくれるお地蔵様への信仰は厚かったのでしょう。

鎌倉期には石造りのものはほとんどなく、日本屈指の古さで、鞆の浦が鎌倉時代から栄えたんだな、というのがよくわかります。お顔がほのぼのとして何となく地方的な感じですね。

江戸前期に建立

このお堂は３５０年くらい前の江戸前期（17世紀中期）に建てられており、結構古いですよ。お寺の本堂ではなくて、こうした参道にぽつんとある辻堂としましては広島県内で一番古いです。

修理もほとんどされていない状態ですが、なかなかき

辻堂（右）

れいでりっぱでしょ？　お堂の前に据えられた石造りの香炉台は、安永6年（1777）に寄進されています。

辻堂の石段には、すり鉢形の小さな穴が開いているのがわかりますか。ちょうど杯のような穴なので、杯状穴（はいじょうけつ）と呼ばれるものです。

どうしてできたかははっきりわかりませんけれど、民俗学的見地からは江戸末期から明治にかけてできたもので、おそらく難病回復など何らかの祈願に来た人が、小石か何かで毎日ぎりぎりとこすったからできたとみられているんです。1～2年ぐらいかけて根気よくこのお地蔵様に祈願していたのでしょうか。

【参道入り口の2本の石柱】

「不入葷酒」の禁制石碑

参道の入り口付近まで行くと、左右に2本の石柱が立っているでしょ？

左手は不入葷酒（ふにゅうくんしゅ）と刻まれた禁

安国寺参道に建つ広島県内最古の辻堂と、解説する三浦教授

制石碑で、江戸後期に造られたと思われます。葷酒とはネギ、ニンニク、ニラ、ラッキョウという臭い野菜——今なら元気の出る野菜なのですが——とお酒のことで、その持ち込みとそれらを食した直後の入寺を禁じたものなんです。

右手にあるのは「国寶安國寺釋迦堂」と刻まれた、昭和9年の石柱ですね。安国寺釈迦堂は戦前に指定された国宝建築でしたが、戦後は重要文化財と改称されています。現在の国宝は戦後に新たに指定し直しているんですよ。

地蔵堂の石段にできた杯状穴

参道入り口に建つ2本の石柱、「不入葷酒」と「國寶安國寺釈迦堂」（写真下の左）

地蔵堂に安置された石のお地蔵様。広島県内一で鎌倉時代に造られたもの

五

旧街道筋見学コース

鞆最大級の町家・林家、漁師町、職人町を歩く

鈴木辰夫 絵　元町浜から見た鞆港

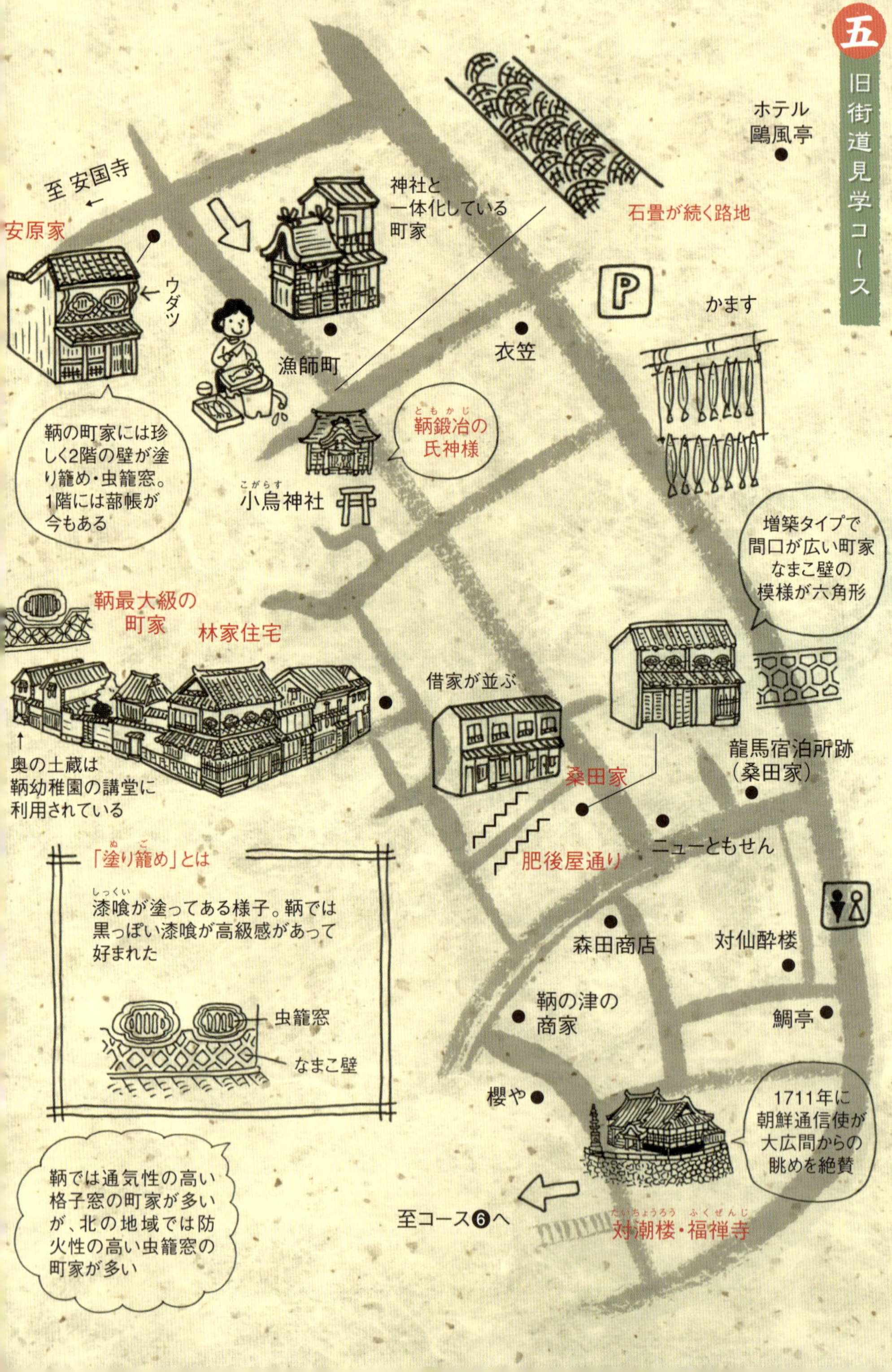

ホテル
鷗風亭
石畳が続く路地
至 安国寺
安原家
ウダツ
神社と
一体化している
町家
漁師町
衣笠
かます
鞆の町家には珍しく2階の壁が塗り籠め・虫籠窓。1階には蔀帳が今もある
鞆鍛冶《ともかじ》の
氏神様
小烏《こがらす》神社
増築タイプで
間口が広い町家
なまこ壁の
模様が六角形
鞆最大級の
町家
林家住宅
借家が並ぶ
奥の土蔵は
鞆幼稚園の講堂に
利用されている
龍馬宿泊所跡
（桑田家）
桑田家
ニューともせん
肥後屋通り
「塗《ぬ》り籠《ご》め」とは
漆喰《しっくい》が塗ってある様子。鞆では黒っぽい漆喰が高級感があって好まれた
虫籠窓
なまこ壁
森田商店
対仙酔楼
鞆の津の
商家
鯛亭
櫻や
1711年に
朝鮮通信使が
大広間からの
眺めを絶賛
鞆では通気性の高い格子窓の町家が多いが、北の地域では防火性の高い虫籠窓の町家が多い
至コース❻へ
対潮楼《たいちょうろう》・福禅寺《ふくぜんじ》

高級な栂を使って建てられた大型町家。2階には卯立も見える

【安原家住宅】

栂普請の高級な町家

安国寺の参道を出ると昔の街道筋になります。右に折れると角には明治中期に建てられたと考えられる間口3間半（約7ｍ）の2階建て切妻造り、桟瓦葺の大型の町家が見えます。桟瓦は近年になって本瓦から葺き替えられたのでしょう。

ここは鞆の浦の普通の町家の約2倍の間口がある、柱には高級な栂（つが）が使われた栂普請の町家なんです。

鞆の浦の高級な町家は栂を主体として、ほかには杉と松を混ぜて使うことが多かったようなんです。檜はあまり使われていません。栂は非常に木目が詰んできれいで、黒っぽいところに高級感があって特に好まれたようですね。昔は白っぽい家は嫌われる傾向にあり、わざわざ墨で黒く塗っていたのです。

栂は瀬戸内海沿岸地域でよく採れたので、大阪ぐらいまでの高級な邸宅はほとんど、栂を使っていたと思

1階にブチョウが残る町家。2階は富裕層のステータスとなっていた塗り籠め虫籠窓に卯立を取り入れている

われます。この町家でただひとつの例外は、1階の内部にわたした太い丸太梁に松の塩木（p24参照）を使っていること、これが白っぽい木になっているんですね。

江戸期の建築様式がステータス

この町家の1階の建具にも江戸時代から昭和戦前まで鞆の浦で流行ったブチョウ（蔀帳）（p38参照）が使われていますね。開放的になり過ぎるため、猫や犬が入らないようにする目的で、下半分の外側に低い格子が付けられていますよ。

町家コースのところでもお話ししましたが、鞆の浦でブチョウが現存している町家はとても珍しく貴重なんです。

2階は漆喰で塗り籠めた入隅（いりすみ）花形の虫籠窓（むしこまど）（★24）にして、腰部には海鼠壁（p42参照）を造っていますね。さらに2階外壁の両脇には卯立（うだつ）（★25）を造っているんですが、

虫籠窓

かつて漁師町だったこの辺りには、今も捕れた魚をさばいて売る光景が見られる

塗り籠め虫籠窓と卯立は、どちらも江戸時代の鞆の浦には見られず、よその町で流行ったものなんです。

この家が建てられた明治から大正にかけての鞆の浦では、江戸時代の古めかしいものが格式が高いとされ、富裕層である中規模以上の町家のステータスとして、これらが取り入れられたのでしょう。ただ、数はそれほど多くはありません。

（★24）虫籠窓はまるで虫籠のような縦格子の窓のことで、木格子を芯にして漆喰で塗りこめたものです。辻子（つし）2階の通風や明かり取りのために、防火を考慮して造られましたが、装飾としての目的もありました。

（★25）卯立（宇立）とは本来、板葺きの町家どうしが接している場合に、隣家との境界の屋上に取り付けられた雨仕舞いのための小屋根のことです。隣家どうしのどちらか一方だけが作ればよいのですが、作るには相当の費用がかかったため、金持ちの方が作りました。「うだつが上がる」とは、その辺から生じた言葉です。瓦葺きの屋根には必要がなくなったのですが、防火の目的で、2階外壁の両端部に板状の袖壁（そでかべ）を突き出したものを卯立と呼ぶようになって、次第に豪商らが富の象徴として装飾性を競うようになったようです。

【漁師町・職人町一帯】
港町の北側に残るかつての漁師町

この通りを南に向けて次の四つ角まで進みましょう。

鞆の浦で栄えた鍛冶の氏神様を祀る小烏神社

鞆の石畳の路地も魅力の一つ

街道筋ですから文房具屋もあり、商家もありますが、昔、このあたりは漁師町で道の両側に魚屋さんがずら～っと並んで、朝捕れた魚を午前中に売りさばいていたのです。

その頃は冷蔵庫がないので、買った魚は夜までもちません。そのため鞆の人はここで買って帰った新鮮な魚で、お昼に大御馳走を食べていたんですよ。

鞆の浦は、狭い意味での南側に広がる港町に加えて、北側には港に鉄製品を供給した職人町や食品を供給した漁師町が広がり、さらに西側には社寺の並ぶ門前町が連なって残っており、建物ひとつとっても港町の町家とは異なる往時の暮らしぶりがうかがえます。鞆の浦には、狭義の港町とそれに付随する周辺の町との複合体としての伝統的な町並みがよく残っていて、町並みとしての文化財的価値がとても高いと考えられますね。

商家や文房具屋、魚屋など、さまざまなが商いが営まれていたかつての街道筋

珍しい形のナマコ壁

民家と一体化して建つ神社

林家住宅主屋正面

【小烏（こがらす）神社】

鞆鍛冶の氏神様を祀る

四つ角を渡ると、右手に小烏（こがらす）神社（p142写真左）が見えます。ここの祭神は小烏大神（コガラスノオオカミ）と天目一箇神（アメノマヒトツノカミ）で、鞆鍛冶の氏神様なんですよ。

良港として繁栄した鞆の浦では、古くから船具加工が始まりましたし、南北朝・室町時代には刀鍛冶もいました。このあたりを鍛冶町というのは、おそらくその名残でしょう。

ちなみに、鞆の浦北部の海岸通りには1km余り続く鉄工所街があり、今は寂れた印象を受けますが、江戸から明治にかけての海運業の発展と相まって大変栄え、昭和戦後まで活気がありました。

小烏神社では、毎年12月の最初の土・日には、伝統ある鞴祭（ふいご（★26）まつり）＝鉄工祭が行われているんですよ。

北東側から見た林家

（★26）鞴とは金属の熱処理や精錬に使う送風器で、主に鍛冶屋・鋳物師などによく利用されます。

【林家住宅】

主屋のほか座敷・土蔵各3棟などをもつ鞆最大の町家

小烏神社から次の四つ角まで南へ進み、右に折れてワンブロック歩くと、林家の大邸宅（p144、p146写真）が現れます。

明治期に広大な敷地に建てられた、想像を絶するような巨大邸宅で、太田家住宅とともに鞆最大の町家になります。主屋・本座敷・離れ座敷・蔵座敷・土蔵3棟に加えて、釜屋・井戸屋とそれぞれに門が付いた3か所の土塀からなっているんですよ。

明治期の大邸宅に流行った江戸時代の建築様式

間口6間半（約13m）、奥行き7間半（約15m）の大規模な店舗兼住宅の主屋は、2階建て入母屋造り、本瓦葺の大型町家。2階は灰色漆喰の塗り籠めの、隅柱を見せた大壁造り（★27）で、腰部は七宝繋（しっ

鞆最大の町家、林家住宅の主屋。２階は、明治期の大邸宅に流行った入隅（四つ花）形の虫籠窓に漆喰の塗り籠めとなっている

林家本座敷南側面

土蔵が並ぶ。右側の土蔵が蔵座敷

林家住宅の本座敷の出格子窓

ぼうつなぎ）文の海鼠壁となっています。

入隅（四つ花）形の虫籠窓（p140参照）が東正面に3つ、南側面に1つ付いていますね。こうした四つ花形の虫籠窓に漆喰の塗り籠めは明治の大邸宅に流行ったもので、大変りっぱなものなんですよ。

また1階の南側面には、鞆の浦では数少ない下見板張の腰壁が見られます。明治中期の建築で2階の建ちは高い［メモ6・p152］のですが、その外壁は江戸時代風の辻子2階（p48参照）に仕上げてあり、江戸時代の古めかしいものに格式を求めステイタスとした、明治期の大型町家の特色がよく示されていると思いますね。

（★27）大壁造りとは、柱や梁などの骨組みを壁で包み込んで覆い隠す建築法です。

小部屋を介して主屋とつながる本座敷

この主屋は南北の道に正面を向けて敷地の南東角に建っており、その北西には釜屋と井戸屋が、西背後には小さな中庭を挟んで本座敷が造られているんです。

蔵座敷の主室。土蔵の内部（1階）を本格的座敷にしているのは、鞆の浦では唯一ここだけで、座敷としても鞆最大のもの

本座敷の南半分は南側4間（約8ｍ）、正面3間の2階建て入母屋造り本瓦葺で、1階は床・棚・平書院付きの10畳の座敷と、7畳半の次の間を備えているんです。

北半分は側面3間半（約7ｍ）、正面2間半（約5ｍ）の一部2階建ての差掛け造り（★28）本瓦葺の居間となっています。

本座敷の南壁は敷地の南側にある東西の通りに面し、主屋とはその道路沿いに小部屋を介してつながっているんです。そして北西には渡り廊下を兼ねた離れ座敷が連なり、西側には中庭を挟んで耐火構造の蔵座敷が建っています。

（★28）建物に片流れの屋根を付加することです。

鞆の浦で唯一最大の本格的な蔵座敷

蔵座敷は、南北棟の桁行（けたゆき）（★29）11間（約22ｍ）、梁間（はりま）（★29）3間（約6ｍ）の2階建て切妻造り、本瓦葺の土蔵のうち、1階部分

土蔵の窓には鉄格子がはまる

の南側6間半（約13m）を座敷にして、その東西の両サイドに桟瓦の下屋の縁側を付けているんです。

このように土蔵内部を本格的な座敷にする傾向は、明治期に全国的にはちらほら見られるものの、鞆の浦では唯一この町家だけなのです。主室は平書院付き床の間と二つの棚を一列に並べた21畳の座敷で、北側に12畳の次の間を配置しており、鞆の浦で最大の座敷となっています。

（★29）桁行とは建物の棟に平行な方向で、梁間とは棟に直交する方向をいいます。梁間は本来は梁の長さを指しました。梁行ともいいますが、俗語です。

日本有数の2階建ての土塀に囲まれた敷地

蔵座敷の西側にはもうひとつ中庭があり、その西に2階建て切妻造り本瓦葺で大型の西土蔵が建っています。ここは保命酒を造っていた頃の醸造蔵で、現在は改装して1階は隣接する幼稚園の講堂となっているんですよ。

主屋の北方に建つ土蔵も保命酒蔵で、主屋との間は

建物の基礎は巨石を丸く削って作られている

現在、幼稚園の講堂となっている大型の西土蔵。かつては保命酒の醸造蔵だった

建物に見える2階建ての土塀

2階建ての高さがある土塀に囲まれています。2階建ての土塀には驚かされますが、日本有数のものです。

ほぼすべての建物をまとめて一時期に建築

この大邸宅は、大正期の建築と思われる本座敷の北半分と離れ座敷を除き、ほぼすべての建物がまとめて明治中期の一時期に建てられており、鞆の浦の多くの大型町家のように増築や合併によってできたものとは、対照的なんです。半面、明治中期でありながら主屋に江戸時代の古い様式を取り入れている点は、鞆の浦の大型町家に共通する特色ですね。

主屋のほかに3棟もの座敷があり、ほかにも3棟の土蔵や2階建ての土塀などが残っている林家住宅は、鞆の浦最大の町家として大変貴重な建物なんですよ。

道を挟んで林家の南には、福山藩の役所の中にあったという立派な石造りの井戸が残っていますが、役所の建物は明治になって廃絶されました。

増築によって生まれた大規模町家、桑田家住宅。大壁造りや虫籠窓が明治期の鞆の浦の大型町家のモデルケースとなった可能性も

【メモ6】林家住宅／2階の建ちの高さ

他の地域の町家では一般的に、2階の建ちの高さ（階高）は建築年代が新しくなるほど大きくなる傾向にありますが、鞆の浦ではその逆の事例が見られます。これは良港としての地形的な要因から平地が少ないため、狭い土地を最大限有効に利用しようと密集して町家が建てられたことに起因します。敷地を目いっぱい使うという観点から、家を建築する場合、2階建てにしてその屋根を隣地に突き出てしまうため、越境された隣家があとで家を建築する際には、先に建てた家より建ちを低くせざるを得なくなり、極めて建ちの低い、物置のような辻子（つし）2階になるのです。

また、江戸時代には、厳しい身分制度から街道に面する町家の2階は、階上から大名行列を見おろすことになるため居住用にすることは許されず、必然的に物置という名目で建ちの低い辻子2階が造られることになったのです。けれども明治4年（1871）以降は、そうした規制が撤廃され、居住空間の改善が図られて2階の階高が大きくなっていきます。

一方、鞆の浦では古い時代の町家でも、当初から2階の建ちが高いものが多く、建ちの低いものであっても窓を作って、建ちの高さにかかわらず2階を居室として利用していたようです。建ちが低い2階の場合は、その床高を低くする工夫で実質的に階高を大きくして、居住性を上げている家もあります。

かつて鞆の浦が酢の醸造で知られていた頃の桑田家住宅（現在は右ページ写真）。当時、この町家は酢屋、岡崎左衛門宅で、酢が出荷される様子がわかる（「いろは丸展示館」提供）

【桑田家住宅】

増築によって生まれた大型町家

林家住宅の主屋が面する通りを南へ進み、最初のT字路を左に折れて次のT字路に突き当たると、そこは漁師町へと続く街道筋になり、北は福山の中心部へ続いています。それを右に折れて2ブロックめの途中まで歩きましょう。すると右手に、現在の間口でも7間半（約15m）ある大規模町家（p152写真）が見えてきます。

ここは桑田家住宅で、龍馬が隠れた桑田家の本家に当たります。もとは酢屋・岡崎左衛門宅で、明治30年（1897）以前に桑田家の所有になりました。ここは、通りに面した左右2棟と右側後方の座敷棟の計3棟からなる増築によって生まれた大型町家なんです。

鞆の明治期の大型町家のモデルケースの可能性も

最も古い右棟は、間口4間（約8m）、奥行き6間（約12m）の2階建て切妻造り本瓦葺で、江戸後期（18世紀後期）に建てられたようです。

桑田家の座敷棟

昭和の初めの宅地開発で造られた肥後屋通り

左棟は右棟より遅い江戸後期（19世紀前期）に建てられた間口3間半余り（約7m）の、2階建切妻造り本瓦葺です。通り土間である1階入口に吊られた大戸（★30）が現存しているんですよ。現在、両棟の1階の一部は車庫や倉庫に変わっていますが、2階外壁は往時のまま、境を除いて灰色漆喰塗りの大壁造り（p145参照）となっており、腰部は亀甲形の海鼠壁にしています。

虫籠窓も左右二つずつ付いており、どちらも鞆の浦の江戸時代の町家には珍しく、明治期の大型町家に好んで使われた趣向のため、その頃に改装された可能性もありますね。

後方にある座敷棟は、右棟の後ろに江戸末期（19世紀中期）に増築された、2階建ての片流れ造りで、2階に茶室を備えているんです。

この町家の外観の大壁造りと虫籠窓などが、鞆の浦の明治期の大型町家のモデルケースとなった可能性があります。

真言宗 福禅寺の本堂。この隣に対潮楼がある

（★30）大戸は畳2枚ほどの広さの大きな板戸で、通り土間の入口に用いられます。町家では、跳ね上げて開く形式のものが多いですが、開閉が不便なため、戦後になってそのほとんどが撤去され、引き違いの格子戸に変えられています。

【肥後屋通り】

昭和初期の宅地開発で通された道路

桑田家正面の通りを、すぐ次の小路まで少し北に戻ってみましょう。この小路は昭和の初めの宅地開発で通された道路です。両サイドには、間口や格好が同じ2階建ての長屋が作られていますでしょ？

この通りは、造った人の屋号を取って、肥後屋通りと呼ばれているんですよ。

【対潮楼】

朝鮮通信使のための迎賓館

ではもう一度、桑田家の前の道を南に向かい、突き当たりを右に折れて、左手に交わる2本目の道——鞆

対潮楼から見える鞆の浦の絶景。瀬戸内海に浮かぶ島は、中央手前が弁天島、奥が仙酔島

の津の商家の角の道です――に入ります。緩やかな坂道をしばらく進むと対潮楼の大きな看板が見えてきますので、中に入ってみましょう。

対潮楼は、江戸時代の元禄年間（1688～1704）に造られた福禅寺の客殿です。座敷から一望できる仙酔島や弁天島が浮かぶ鞆の浦の眺めは素晴らしく、江戸時代を通じて朝鮮通信使［メモ7・p158］のための迎賓館として使われ、日本の漢学者や書家らとの交流の場となっていたんです。

正徳元年（1711）、朝鮮通信使の李邦彦がここを訪問した際、対潮楼から見た景色を「日東第一形勝（朝鮮より東で一番美しい景勝地という意）」と賞賛したんですよ。また寛延元年（1748）には、洪景海が「対潮楼」と名づけた書を残しているんです。

対潮楼の隣には、海岸山千手院福禅寺の本堂がありますが、ここは真言宗の寺院で、創建は平安時代の950年頃と伝えられていますね。境内は「朝鮮通信使遺跡鞆福禅寺境内」として、対潮楼とともに国の史跡に指定されています。

［メモ7］対潮楼／朝鮮通信使
朝鮮通信使は、朝鮮王国が江戸幕府に派遣した使節です。将軍襲職などの慶賀のため、慶長12年（1607）から文化8年（1811）まで12回来日しています。

六

大可島コース

「ポニョ」ゆかりの家、波止、船番所跡を歩く

鈴木辰夫 絵　鞆の原漁港

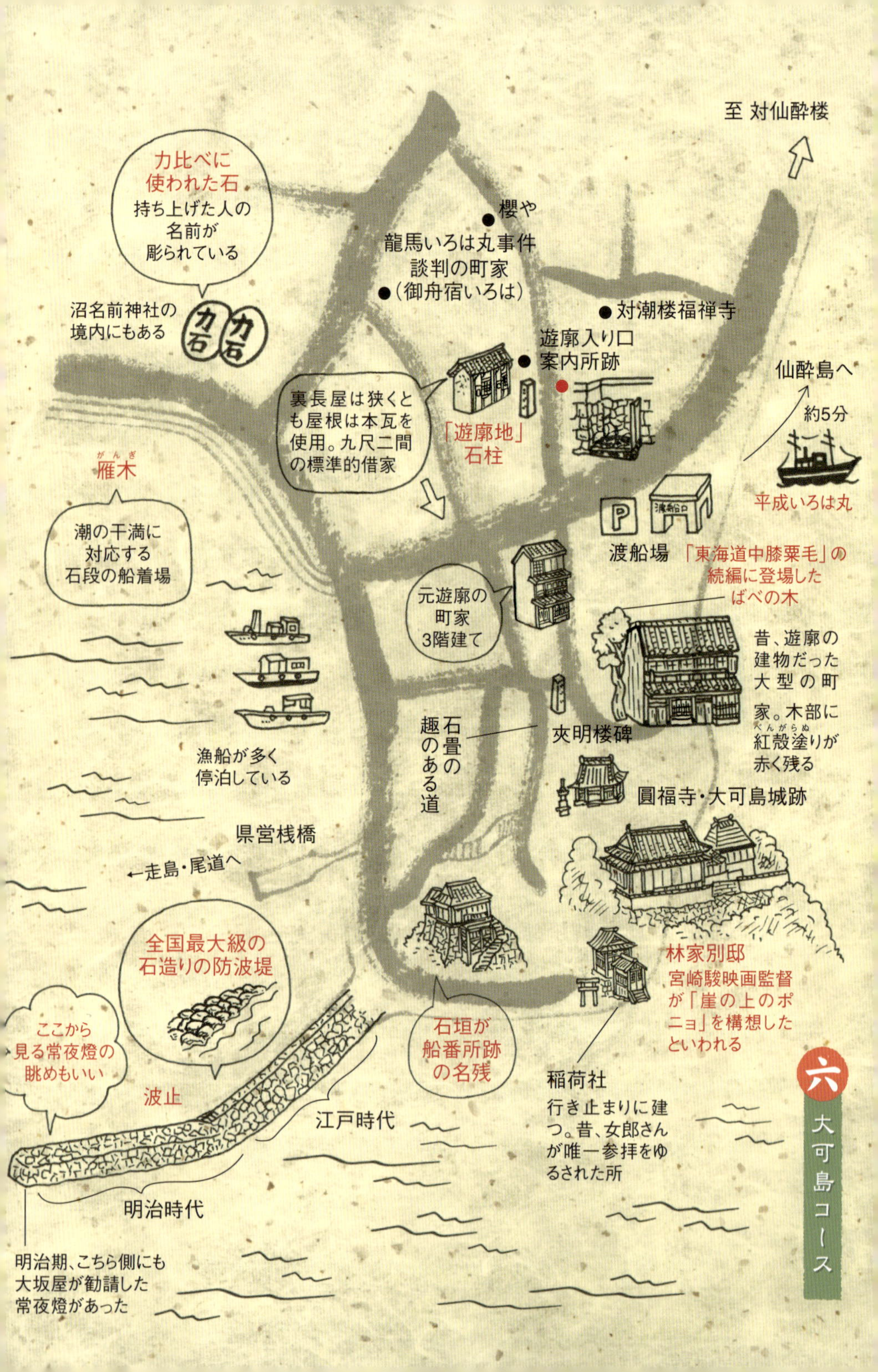

至 対仙酔楼
力比べに
使われた石
持ち上げた人の
名前が
彫られている
沼名前神社の
境内にもある
力石
力石
櫻や
龍馬いろは丸事件
談判の町家
（御舟宿いろは）
対潮楼福禅寺
遊廓入り口
案内所跡
仙酔島へ
約5分
平成いろは丸
裏長屋は狭くとも屋根は本瓦を使用。九尺二間の標準的借家
「遊廓地」
石柱
雁木《がんぎ》
潮の干満に
対応する
石段の船着場
P
渡船口
渡船場
「東海道中膝栗毛」の
続編に登場した
ばべの木
元遊廓の
町家
3階建て
昔、遊廓の
建物だった
大型の町
家。木部に
紅殻《べんがら》塗《ぬ》りが
赤く残る
漁船が多く
停泊している
石畳の趣のある道
夾明楼碑
圓福寺・大可島城跡
県営桟橋
←走島・尾道へ
全国最大級の
石造りの防波堤
ここから
見る常夜燈の
眺めもいい
波止
石垣が
船番所跡
の名残
林家別邸
宮崎駿映画監督
が「崖の上のポ
ニョ」を構想した
といわれる
稲荷社
行き止まりに建つ。昔、女郎さんが唯一参拝をゆるされた所
江戸時代
明治時代
明治期、こちら側にも
大坂屋が勧請した
常夜燈があった
六
大可島コース

【風俗情報センター】

港近くの「遊廓入り口案内所」

対潮楼から出て左に進みます。ほんの5～6m下ったところに、半畳ほどの広さで石垣が凹んだ場所がありますが、わかりますか。昔から「港のあるところ遊廓あり」と言って、かつてそこには遊廓の入り口案内所、今で言うなら風俗情報センターがあったんです。

案内所の向かいの、対潮楼と反対側に行く小路に入ってみましょう。石段脇に「遊廓地」と刻まれた、小さな石碑がひっそりと立っているでしょ？　この石碑は、ここからが遊廓地であることを示す道標として置かれたもので、江戸から明治にかけて造られたのではないかと思われます。

【裏長屋】

九尺二間の標準的借家

小路の途中を右へ折れ路地に入ると、1階建て切妻

遊廓の案内所跡（右の凹んだ所）と石碑（写真左上下）

造り本瓦葺で、150年くらい前の幕末の頃（19世紀中期）に建てられた裏長屋があります。鞆の浦に現存する裏長屋数棟のうちの1棟で、1軒のお宅の大きさが4畳と土間の小さなものなんです。6畳一間なんですが2畳を土間に取られているので、実質4畳しかないのです。

鞆の浦の標準的な借家で、いわゆる九尺二間（くしゃくにけん）（★31）の小さな家なんです。

路地の右手に建つ家屋は当初、2軒続きの長屋でしたが、今は戸境の壁を取り払って1棟となっていますね。復元すると、間口は2間（約4m）に足らず、当初の奥行きは2間半（約5m）でしたが、その後、後ろ側に半間の増築をしています。

正面に向かって左側1間（約2m）分に床を張り、右側を通り土間とした家を2軒、横に並べた長屋だったようです。

（★31）長屋で間口9尺、奥行き2間の住居のことで、比ゆ的に、狭くむさくるしい家という意味で使われます。しかし、その裏には、そこいらの田舎者と

江戸時代の裏長屋。「九尺二間」の小さな家で屋根の野地には竹が使われているものの、本瓦葺の立派な外観となっている

は違う大都市の住民だという自負も隠されています。ちなみに1尺は約30cmです。

裏長屋とは言え本瓦葺で日本一立派な外観

その向かいにも、同じ頃に建てられた1階建て切り妻造り本瓦葺の2軒続きの長屋が建っていますね。左側の家は向かいの家と同様、間口2間（約4m）に足らず、奥行きは2間半（約5m）で、柱の大半には丸太を使っていますよ。

屋根は見事な本瓦が葺いてあるのですが、屋根の野地には竹（p54参照）が使われていますね。この家の左側には家がないため、それがよく観察できます。裏長屋でありながら本瓦葺で日本一立派な外観となっている点が、見えるところにはしっかりと見栄を張る、という鞆の町の特徴なんです。

こうした裏長屋が残っているのは全国的にも珍しく、貴重ですよ。でも、お住まいになっている方の迷惑にならないように、見学には十分に注意してくださいね。

明治期に対仙酔楼が面していた海は埋め立てられ、現在の海岸線に沿って走るバス通りとなっている。近くには観光客用の駐車場もあり、露店（写真右ページ左下）も見られる

【大可島】

かつては鞆港入り口に浮かぶ島

続いて、鞆の浦の東南の端にある、大可島（たいがしま）へ行きましょう。元の小路に戻って対潮楼の前の道を下っていくと、東西に走るバス通りに出てきます。この通りを渡ると大可島の入り口で、東へ行くと仙酔島への渡船のりばです。

先に進む前に、ちょっと振り返ってみてください。ここから左斜め前方に見える白壁は龍馬談判の家、すぐ右斜め前の山の上は対潮楼なんですよ。

昔はここ、バス通りあたりまでが海で、大可島は鞆港の入り口に浮かぶ島だったのです。頂きには海城が築かれており、南北朝時代には北朝・足利幕府軍と南朝・後醍醐天皇軍との合戦の舞台となりました。

戦国時代には村上水軍の一族がこの海城を拠点にして、海上交通の要所・鞆の浦一帯の海上権を握っていたんですよ。福島正則が鞆城を築いた慶長年間（1600年頃）に、埋め立てによって大可島が陸続きとなった

鞆港南東から海に突き出した波止から大可島城跡（中央高台）を望む。「ポニョの家」といわれる、林家別邸（中央右寄り上）が建つ

のです。城は廃城となり、あとには真言宗円福寺が建立されています。

【遊廓跡】

鞆の浦の一般的な町家とは違う、特別な高級感

では、この小道をそのまま南へ、大可島城跡の北側のふもと近くまで歩いてください。このあたりがかつて遊廓のあった所で、通りの両側に名残の建物2棟があります。

左手の大きな家屋は、もとは籠藤（かごとう）という屋号の遊廓でしたが、今は、後ろに見えるホテル対山館の従業員寮となっているんですよ。通りに面した主家は2階建て木造本瓦葺で、間口5間（約10m）奥行き6間（約12m）の大型町家、後方棟は3階建てなんですね。

両棟は明治後期および、それより少しあとに建てられたもので、後に旅館に改造されていますが、外観はほぼ当時のまま残ってるんです。

大可島城跡の北側のふもと近くに残る、遊廓の建物。現在、ホテル対山館の従業員寮になっている、かつての籠藤

「続膝栗毛」にも登場した籠藤隣の空き地に根を張る「ばべの木」

主屋を復元すると、1階は中央の入り口、その左右に出格子を構えているんです。2階は表側に10畳の座敷をはじめとする大きな部屋を並べています。

肘掛窓に障子を建てて外側には雨戸を引き小縁を付けているんですが、そのほかベンガラ塗りや化粧垂木など装飾にも凝っていて、鞆の浦の一般的な町家とは違う、特別な高級感を出していますね。

「東海道中膝栗毛」の続編にも登場した「ばべの木」

横の空き地には大きな「ばべの木」(ウバメガシ・p165左写真)があるんですが、実はこの木は、江戸後期の戯作者(げさくしゃ)、十返舎一九(じっぺんしゃいっく)**【メモ8・p167】**が書いた「東海道中膝栗毛」の続編、「続膝栗毛」にも登場しているんですよ。

それによると、この空き地には別の遊廓の建物が建っていて中庭に「ばべの木」があり、その下で行水をしていた遊女の姿を2階から弥次さん喜多さんが盗み見たというもの。「ばべの木」は、今では大きく成長

3階建ての遊廓跡

大可島城跡に続く石段。傍には「夾明楼上り口」と刻まれた道標が

していますが、その当時は若木だったのでしょう。

道の反対側にあるもう1棟は、後ろに狭く小さな2階建てが付いた、間口2間（約4m）奥行き4間（約8m）の総3階建て桟瓦葺の大正時代の建築で、やはり一般的な鞆の家とは違っているんです。

当初の間取りが残っている2階は表側に6畳、裏側に中廊下を挟んで4畳半があり、3階は表側に3畳2室となっていました。どちらも縁側に雨戸を付けていますね。

［メモ8］遊廓跡／十返舎一九

十返舎一九（1765～1831）は、江戸後期の洒落本（しゃれぼん）や滑稽本（こっけいぼん）の作者。駿府（すんぷ）＝静岡市＝生まれ。寛政元年（1789）、近松余七の名で浄瑠璃（じょうるり）作者となりますが、18歳の時、江戸に出て戯作者（戯作とは江戸中期以降、主に江戸に発達した、小説などに代表される俗文学のこと）となりました。そして享和2年（1802）、滑稽本「東海道中膝栗毛（ひざくりげ）」初編を出版して大ベストセラーとなり、以後、約20年にわたって続編を出し続けました。「膝栗毛」は、弥次郎兵衛と喜多八が、あちこちで失敗や滑稽な事を繰り返し、行く先々で騒ぎを起こしながら、東海道～京都～大坂をはじめ、全国あちらこちらを旅する道中記です。

円福寺から仙酔島を望む

【夾明楼】

大可島城跡北部に建つ円福寺の座敷

次に、ちょっと大可島城跡に上ってみましょうか。大可島城跡のふもとの道を西に向けて歩き、すぐの角を左に折れると円福寺に向かう石段があります。上り口には円福寺にある夾明塾（夾明楼（きょうめいろう））への道標で、森下仁丹創始者の森下博氏が建てた「夾明楼上り口」の碑が立っていますよ。

円福寺の座敷「夾明楼」は有料公開されており、紀伊水道と豊後水道からの潮流が一目でわかるなど、大可島城があった頃、水軍の根拠地だったということが実感できるんです。

「夾明楼上り口」の道標

【林家別邸】

城跡南部には「ポニョの家」

大可島城跡北部に建つ
真言宗　円福寺本堂

円福寺があるのは大可島城跡の北部ですが、南部の広大な敷地に建っているのは、鞆の浦で最大の大邸宅、林家の別邸なんです。

ここは映画監督の宮崎駿さんが「崖の上のポニョ」の構想を練った家なんですが、ここから一望できる鞆港西側の風景は、ポニョのワンシーン、海辺の家からの景色とダブりますね。

【鞆港の波止】

現役の波止では全国最大のもののひとつ

では、ここから波止（はと）の方に下りましょう。鞆港の波止は大きな花崗岩を丁寧に積み上げた頑丈な石造りの防波堤で、江戸時代に築かれた現役の波止としては、全国最大のもののひとつなんですよ。

港の外からの波の勢いを弱めて鞆港を波から守る役割を果たしながら、内側には雁木を利用して船着き場も兼ねているんです。

全国最大級の波止

「ポニョの家」から眺めた鞆の海。のどかな風景は、まるでポニョの映画のプロローグを観ているよう

途中で折れ曲がって海に突き出していますが、陸に近い方は江戸の文化・文政期（1804〜1830）に、曲がったところから先は明治に造られました。

鞆港界隈を歩くコースで、鞆港西側の雁木の南端に立つ常夜燈についてお話ししましたが、かつてこの波止の先端には、あちらの常夜燈に向き合うように、大坂屋が勧請した唐銅燈籠（からかねどうろう）が立っていたんですよ。残念ながら明治期に流されてしまったということなんですが。

波止からは鞆港の海岸線に広がる雁木がよく見えるでしょ？　ここに立つとその雄大さが実感できますね。瀬戸内海は干満の差が大きいので、満潮時には雁木の上1段しか現れず、大潮の時はほぼ全部水をかぶります。干潮時には一番下まで出てくるんですよ。

鞆港南東から海に突き出した波止。鞆港の5点セットのひとつ。「ポニョの家」から見下ろすと折れ曲がっているのがよくわかる

【船番所跡】

石垣は江戸時代の船番所の一部

波止の付け根のすぐ傍の石垣が船番所の跡です。今で言うと港湾管理事務所に当たり、江戸時代、ここで出船・入船の監視をしていたのですね。上に建つのは大正時代に新築された家ですので、下の石垣が江戸時代の船番所の一部になりますよ。

船番所の建物は残っていないのですが石垣が残っており、江戸時代のものとしては他にも、波止や雁木、常夜燈、焚場、浜蔵、町並みが残っていますでしょ。だから鞆の浦は、歴史的にも文化的にも完璧なんですね。

鞆港の5点セットのひとつ、船番所跡（石垣の部分）。石垣は江戸時代のもの

【稲荷社】

遊廓の女郎さんも参った港の鎮守社

船番所の石垣の下を右奥の方に少し行くと、稲荷社がありますね。航海の安全を祈る港の鎮守社ですが、地形的に逃げられる心配がないだろうということで、遊廓の女郎さん達もここへは参ることを許されていたようですよ。

【浜蔵】

鞆港東の海岸に建つかつての浜蔵4棟

では、これから鞆港東の海岸線に沿って町へ帰りましょう。この辺りには、現存する7棟の浜蔵のうち、4棟が残っているんです。西側の雁木からも少し見えたでしょう？　浜蔵の傍の道を通りますから、チェックしてみてくださいね。

ただ、蔵がそのまま残っているわけではなく、前側の屋根をトタンで覆った家や、現在はアパートとなっ

稲荷社は、航海の安全を祈る鎮守の社（やしろ）。遊廓の女郎さん達もお参りしたという

ている家など、さまざまですから、ぜひ探してみてください。

鞆港東側の海岸近くに残る4棟の浜蔵の内3棟（写真上、右下、左下）。現在も有効利用されている

地元の人が贔屓にする店

南々社編集部

地元の人に愛され、町歩きのあとの休憩や食事におすすめのお店を紹介します。

食事の店

時代に身を馳せる

慶長3年「いろは丸事件」の賠償交渉が行われた屋敷を改装し、2007年にオープン。鯛漬け御膳（1300円）は鯛の漬けを、まずはワサビしょう油でいただき、残りをご飯にのせ、ダシをかけて茶漬け風に食べる。名古屋名物のひつまぶしをヒントにしたという渡辺裕右店長（27）。宿泊者の夕食は創作料理のコースを用意している。「鞆ならではの、ゆったりとした時間を楽しんでもらいたいです」

御舟宿　いろは

☎084・982・1920
営10:00～17:00
休火・水曜

鯛めしは絶品

豊田充彦料理長（67）は、長年シーサイドホテルの料理長を務めたあと、7年半前にこの店をオープンした。人気の鯛めしデラックス（1575円）は、昆布と鰹の出汁で、ご飯は生ゴメから炊くので鯛の味がすみずみまで浸み込む。おすすめは、鞆の浦定食（1680円）。前菜、お造りに煮付けが付き、ボリューム満点。「店の近くの対潮楼と、鞆が一望できる医王寺を観光客にはすすめています」

鞆の浦魚処　鯛亭

☎084・982・0481
営11:30～14:00、18:00～20:30
休水曜

活きのいい魚が楽しみ

行商時代を含め、約60年の歴史をもつ魚屋が営む料理店。その確かな目利きで、地元の漁師や市場で仕入れた新鮮な魚貝を使った料理が楽しめる。メニューも豊富、価格もリーズナブルで敷居が高くないのが魅力的。衣笠善人料理長おすすめの四季定食（1890円）は、カンパチやタイなど旬の刺身や天ぷらが並ぶ。「天気の良い日は、堤防沿いをぶらぶらと散策すれば、ほのぼのとした気分になれます」

季節料理　衣笠

☎084·983·5330
営11:30～14:00、18:00～21:00
休 水曜

地元民に人気の店

隠れ家的な店。鞆の沖合いで獲れた活きのいい魚を出してくれる。おじいさんがその日に釣った魚を提供するので、日によって魚は異なる。運がよければ、アコウダイの煮付け定食（1200円）に出合える。日替わり定食は680円。この日はスズキ定食を頂けた。ちなみに、隣りの肉店は同じ経営なので、焼肉定食やステーキ定食が750円とリーズナブル。地元民にも人気の店。

ニューともせん

☎084·983·5382
営11:00～20:00
休 日曜

仕入れは地元漁師

江戸時代の古民家を一部修復し、1989年にオープン。店内にずらりと並ぶ小魚料理の魚はすべて地元の漁師から仕入れ、焼きや甘露煮などに調理。これら小魚料理5～6品と酢の物や煮物などの小鉢などがセットになった小魚定食（950円）がおすすめ。店名は日本三大火祭りのひとつ、沼名前神社のお手火神事から。足利睦子店主（66）は、「歴史民俗資料館で鞆の歴史に触れてみてください」

食事処　おてび

☎084·982·0808
営11:00～15:00、17:00～21:30
休 月·第3日曜

喫茶

築百七十年の茶処

澤村船具店の姉妹店。築約170年になる同船具店の番頭さんの住まいを改造して、17、8年前にオープン。店内の天井には、碍子(がいし)が張りめぐらされ、懐かしい気分になる。コの字型のカウンターの周りには美濃や瀬戸、信楽の食器が並ぶ。ケーキセットがおすすめ(800円)。責任者の澤村陽子さんは、「常夜灯や雁木に座って、一日、ぼっーとゆったりとした時間を楽しんでほしい」と話す。

民芸茶処　深津屋

☎084·982·1006
営9:30~17:00
休月·火曜

懐かしの味を堪能

かつて江戸時代の商家の帳場や土間だった所を喫茶スペースとしてオープン。店内には吉川兼子店主(58)の実家にあった江戸時代の長火鉢など、時代ものの趣ある調度品に囲まれて居心地よい。ハヤシライス(1000円)は以前、鞆で人気だったメニューを復活させたもので、野菜と肉をじっくりと煮込んで旨みたっぷり。「鞆へ訪れたら、まずは沼名前神社へのお参りをおすすめしています」

茶房　田淵屋

☎084·983·5085
営10:00~17:00
休水曜

風情ある町家カフェ

約250年前に建てられた旅館をそのままの風情で生かし、町家ギャラリーとして2005年にオープンした。店内には備後地域で活躍する作家の作品などを月替りで展示。畳敷きの通りに面した席から格子越しに港町の風情を楽しみながら、ゆったりとタルトセット(750円)などがいただける。「歴史民俗資料館や対潮楼からのすばらしい景色を楽しんだ後、ちょっと一息に」と渡邉直美店長。

櫻や

☎084·982·2110
営10:00~18:00
休不定休

鞆眺める2階の特等席

昔は名誉職といわれた郵便局長が代々住んできた屋敷を外観はそのままに、開放感のあるモダンな内装にリニューアルし、2007年にオープン。作家ものの器でいただく抹茶（お菓子付800円）は一興。喫茶メニューは1階、2階では鞆の眺めを楽しむスペースに分けている。新田久子店主は、「格子越しを眺める2階からの鞆の景色は、地元の人でも驚くほど感激されます」

さらすわてぃ

☎084·982·0098
営11:00～18:00
休 水·木曜

景観楽しむ茶房

眼下に鞆港を望み、晴れた日には四国山地まで見渡せる絶景。そして全国へ足を運び吟味した、奥深い味わいが人気のオリジナルのセレーノブレンド（450円）がその脇を固める。鞆の自然環境を守る会·事務局長も務める高橋善信さん(60)が夫婦で営み、鞆の歴史や自然、芸術など話題豊富でお二人との会話を楽しみにするリピーターも多い。「夕暮れ時の沈む太陽に照らされる柔らかな光景がおすすめです」

セレーノ

☎084·982·2777
営11時頃～日没頃
休 水曜·第2·4木曜（不定休）

絶品豆腐と豆乳を味わう

対仙酔楼の右隣りにある。九州産の大豆·フクユタカを100％使用、濃厚な豆腐（一丁300円）と豆乳、豆冨ソフトクリームなどが味わえる。国産大豆と本にがりで作られているだけに、味わい深い。家族や近所の土産として、まとめ買いしていく観光客も多い。店主の丸山隆宏さん(52)は、「鞆の町並み散策とあわせて、ぜひ、平成いろは丸に乗って、手付かずの自然が残る仙酔島を楽しんでほしい」と勧める。

感謝の家 豆冨工房

☎084·982·0539
営10:00～18:00
休 無休

鞆港にて

広島大学大学院文学研究科教授
三浦 正幸（みうら・まさゆき）

1954年生まれ。東京大学工学部建築学科卒業、工学博士（東京大学）。現在、広島大学大学院文学研究科教授。研究テーマは、日本建築史・文化財学。著書に『城の鑑賞基礎知識』（至文堂、1999）、『城のつくり方図典』（小学館、2005）など。広島市在住。

編集／西元 俊典
編集協力／桂 寿美江　中川 よしこ
題字／木原 実行
装幀／木原 実行（デザイン・写真提供）　デザイン工房 桜　平田 宗典
本文デザイン／アルバデザイン
撮影／中野 一行
イラスト／空 律江

日本の宝 鞆の浦を歩く

二〇一〇年五月十日　初版第一刷発行
二〇一七年一〇月五日　初版第二刷発行

著　者　三浦 正幸
発行者　西元 俊典
発行所　有限会社 南々社
広島市東区山根町二七-二 〒七三二-〇〇四八
電　話　〇八二-二六一-八二四三
ＦＡＸ　〇八二-二六一-八六四七
振　替　〇一三三〇-〇-六二四九八

印刷製本所　クリエイティブ事業部ラック㈲

ISBN978-4-931524-77-4